Rokelle Lerner

ÊTRE
SOI-MÊME

*un jour
à la fois*

Traduit de l'américain par
Jean Guimond BA, Sc, LLB

DISTRIBUTEURS EXCLUSIFS :

• POUR LE CANADA ET LES ÉTATS-UNIS :
Les Messageries ADP
955 rue Amherst
Montréal (Québec)
H2L 3K4
Tél. : (514) 523-1182
Fax : (514) 939-0406

• POUR LA BELGIQUE ET LE LUXEMBOURG :
Vander S.A.
Avenue des Volontaires, 321
B-1150 Bruxelles
Tél. : (02) 762-9804
Télécopieur : (02) 762-0662

• POUR LA SUISSE :
Transat S.A.
Route des Jeunes, 4 Ter
C.P. 1210
1211 Genève 26
Tél. : (41-22) 342-77-40
Télécopieur : (41-22) 343-46-46

• POUR LA FRANCE ET LES AUTRES PAYS :
Quorum Magnard Diffusion
122 rue Marcel Hartmann
94200 Ivry sur Seine
Tél . : 49-59-50-50
Télécopieur : 46-71-05-06

Rokelle Lerner

ÊTRE
SOI-MÊME

un jour
à la fois

© 1985 Rokelle Lerner
Titre original : *Daily Affirmations for Adlut Children of Alcoholics*
Publié aux États-Unis par Health Communications, Inc.
3201 S.W. 15th Street
Deerfield Beach, Floride 33442-8124

Version française :
Les Éditions Modus Vivendi
C.P. 213, Dépôt Sainte-Dorothée
Laval (Québec) Canada
H7X 2T4
(514) 627-7093

Traduction: Jean Guimond, BA, Sc, LLB
Illustration de la couverture : Marc Alain
Montage de la couverture : Steve D. Perron
Infographie : Steve D. Perron

Dépôt légal :
Bibliothèque Nationale du Québec
Bibliothèque Nationale du Canada

ISBN 2-921556-13-8

Remerciements

Une mention toute spéciale pour la contribution de:

Barbara Naiditch
Lois Weisberg
Diane Halperin
Judith Bohnen
Linda Christensen
Evelyn Baron

Rokelle Lerner remercie les personnes suivantes qui lui ont fourni l'inspiration pour le présent ouvrage:

Karen Kaiser-Clark
Ernie Larsen
Rusty Berkus

Alla Bosworth Campbell
Pamela Levin
Sondra Smalley
Jean Illsley-Clark
Herbert Gravitz
Julie Bowden
Jael Greenleaf
Sharon Wegscheider-Cruse
Claudia Black
Janet Woititz

Crédits:
Mark Worden, rédacteur en chef
Reta Kaufman, illustratrice

Introduction

Les affirmations sont des énoncés puissants et positifs qui concernent notre façon de penser et de nous comporter. La méditation contenue dans ce livre couvre un bon nombre d'aspects de notre existence et elle nous permet de brosser un tableau de ce que l'on désire devenir. Le présent ouvrage a été préparé pour les adultes qui désirent remplacer leurs monologues intérieurs confus par certaines affirmations positives et, de ce fait, améliorer leur image mentale.

Les messages que nous nous transmettons nous-mêmes sont les plus importants à entendre. La prise de conscience et les conversations que nous entretenons déterminent nos attitudes, notre comportement et l'orientation de notre vie. Si, en tant qu'enfant, nous étions critiqués et soumis à la honte, notre monologue intérieur se transformerait en élément désapprobateur. Lorsqu'on est habitué à s'imposer de bonnes doses de sarcasmes et d'appréciation négative sur notre performance quotidienne, nous mutilons notre amour-propre, notre créativité et notre esprit.

En tant qu'enfant issu d'une famille dysfonctionnelle, nous pouvons continuer de vivre dans le passé, croire aux éléments qui nous ont été enseignés — ou nous pouvons changer nos convictions par des pensées positives qui nous permettront de vivre librement d'autres expériences plus enrichissantes. Ce que nous choisirons de croire dominera éventuellement notre monde. Si nous continuons à croire que nous sommes victimes — il en sera ainsi. Cependant, si nous optons pour la santé, la joie et l'amour — cela aussi est à notre portée. Le choix est toujours le nôtre. La honte et les croyances biaisées du passé perdent graduellement de leur puissance et ne peuvent nous limiter. Ainsi, nous commençons à entrevoir la futilité de leur existence. Les affirmations représentent un excellent moyen de grandir noous réveiller, de nous rendre pleinement conscients des choix quotidiens que nous faisons. Et, au fur et à mesure que nous apprenons à canaliser nos pensées, nos sentiments et notre comportement suivront.

Afin d'utiliser ces messages de façon efficace, on doit lire pour soi chacune des affirmations à haute voix et les répéter plusieurs fois. Ensuite, on doit lire len-tement la méditation toute entière et méditer sur sa signification. Pour les groupes d'enfants issus de familles dysfonctionnelles, il est bon de choisir une affirmation et de la lire au groupe, en demandant à chacun de la lire et non seulement d'analyser sa signification, mais de déceler les façons subtiles de l'incorporer dans sa vie.

Il n'est plus nécessaire de sombrer dans l'intensité de la douleur et du désespoir. Il est possible de nourrir l'imagination de pensées différentes et de se créer un nouveau mode de vie.

J'espère que le présent ouvrage constituera un nouveau départ pour chacun et chacune d'entre vous qui êtes disposés(es) à faire le choix d'accepter la joie et la lumière dans votre vie.

Rokelle Lerner

L'auteure

Rokelle Lerner est fondatrice et codirectrice de *Children Are People, Inc.*, une entreprise de formation et de consultation de St. Paul, Minnesota. *Children Are People* se spécialise dans les services aux enfants et adultes de familles dysfonctionnelles, depuis neuf ans. Rokelle conseille également, en pratique privée, les adultes aux prises avec des comportements de dépendance.

Rokelle est avantageusement connue comme oratrice principale dans des groupes de discussion, de pensées et de sujets d'intérêt pour les enfants et adultes qui ont grandi dans un famille où les parents sont dépendants de substances psychotropes.

Elle est membre fondatrice et actuelle trésorière de la *National Association for Children of Alcoholics*, en plus de défendre les mouvements d'Ed'A.

En 1982, on présentait Rokelle dans un film *Hope for the Children* (Espoir pour les enfants). En 1985, le magazine *Esquire* la nommait l'une des jeunes femmes les plus remarquables des États-Unis pour sa contribution extraordinaire à ce pays.

Rokelle habite à St. Paul avec son mari et ses deux filles.

NOUVEAU DÉPART

J'ACCUEILLE CHALEUREUSEMENT CE NOUVEAU JOUR ET CETTE NOUVELLE ANNÉE

Pour moi, c'est un nouveau début, j'ai décidé de repartir à nouveau, de me dépouiller de mes pensées, de mes attitudes et de mes sentiments malsains qui ont réprimé ma croissance.

En ce jour, je décide de penser à de nouvelles choses, de rechercher de nouvelles valeurs et de découvrir de nouvelles façons de faire valoir les dons qui m'ont été donnés par mon créateur.

Je décide maintenant d'approfondir mes connaissances de moi-même et des autres. Je veux commencer à considérer ma relation avec ma famille et avec mes amis sous un nouvel angle. J'ai décidé d'entretenir une interaction vitale et saine avec les autres.

J'accueille cette nouvelle journée, cette nouvelle année et ce nouveau moi. J'accueille à bras ouverts les merveilleuses possibilités qui me sont offertes.

LES ATTENTES

JE M'ATTENDS À DES CHOSES MERVEILLEUSES AUJOURD'HUI

La journée qui s'ouvre devant promet beaucoup. J'ai reçu un bout de papier blanc sur lequel je peux écrire - et je n'écrirai que ce qui constitue pour moi un souhait affectueux:

Je m'attends à ce que ce soit un jour de renouvellement, un jour de joie, un jour d'amour et de paix.

Je m'attends à ce que ce soit un jour de guérison; je veux sentir une vague de santé s'emparer de moi.

Je m'attends à ce que ce soit une journée de joie, où je me sens libre de toute anxiété, pleine de surprises mémorables.

Je m'attends de vivre une journée d'amour, mes relations personnelles seront riches et profondément satisfaisantes. Je n'aurai pas à peiner pour réaliser mes besoins.

Je m'attends à ce que ce jour soit comblé de belles promesses et il le sera.

LES SENTIMENTS

MES SENTIMENTS SONT
TEMPORAIRES ET FUYANTS

Aujourd'hui je reconnais que j'ai des émotions - mais je suis plus que mes émotions. Je me rends compte aujourd'hui que j'ai des pensées, mais je suis plus que mes pensées. Je n'ai plus le goût de m'accrocher aux sentiments d'inconfort ou à des pensées négatives.

Si, pour une raison quelconque, je me sens spirituellement affaissé(e), je dois me souvenir que les nuages se dissiperont, que la mauvaise humeur passera et que je reverrai les rayons du soleil.

Rien, à l'extérieur de moi, n'a la puissance de me maintenir en état de dépression ou d'anxiété. Nul ne peut me bouleverser ni provoquer de solitude en moi. J'ai le pouvoir de choisir ce que je crois quant à mes sentiments.

Aujourd'hui, j'ai choisi de croire que mes émotions sont temporaires et insaisissables.

Aujourd'hui j'ai choisi de croire que mon état d'âme peut voguer au-delà des nuages. Ma source infinie me maintient et je sais que mon coeur redira des chants nouveaux.

LES PENSÉES SAINES

JE ME SENS LIBRE D'ALLER VERS DES IDÉES, DES PENSÉES ET DES ÉMOTIONS SOLITAIRES

Aujourd'hui je me réjouis devant la possibilité de suivre de nouvelles pensées, de nouvelles relations, de vivre de nouvelles émotions.

Bien souvent, dans ma famille, j'avais la sensation d'être emprisonné, isolé et d'être incapable de m'en sortir. Je ne savais pas comment extirper les émotions et les comportements des autres.

Mais je sais maintenant qu'on ne peut me tenir responsable desagissements de ma famille. Je les aime, mais je dois vivre ma propre vie, avec mon amour-propre et ma liberté.

Il n'est pas nécessaire d'être pris dans des situations malsaines. Je peux provoquer certains changements en moi et je peux m'évertuer à trouver des façons de rompre les liens qui me retiennent.

Aujourd'hui, je laisse derrière moi toute la négativité et je continue d'être conscient(e) de mes pouvoirs grâce auxquels me tirer d'une situation désagréable.

LES OBJECTIFS

**AUJOURD'HUI JE PRENDS LES
MESURES NÉCESSAIRES AFIN
D'ATTEINDRE MES OBJECTIFS**

Je commence la journée avec l'intention d'atteindre mes objectifs les plus précieux. Je me concentre sur la définition précise de ce que je désire dans mes relations.

Je veux penser à mes besoins physiques, émotifs et spirituels et je consacre une partie de ma journée à mettre en marche l'un de mes projets.

Je ne m'empêche aucunement de passer à l'action. Il m'est arrivé trop souvent de laisser mon manque de direction et ma crainte entraver mes espoirs et mes rêves.

Aujourd'hui, j'ai un sens de direction... j'ai la force de prendre des décisions devant la crainte. Je ne me laisse pas paralyser par l'indécision.

J'avance plutôt avec confiance, en sachant que tout changement véritable est une suite de petits succès.

LES CROYANCES

AUJOURD'HUI J'OUVRE MON ESPRIT À DE NOUVELLES CROYANCES

Je n'ai aucune crainte devant les nouvelles croyances. Je sens que le changement dans mes croyances m'aide à me dissocier de vieux schémas et de vieux comportements.

Dans ma famille d'origine, j'ai appris à voir la vie d'une façon qui m'était malsaine. J'ai acquis des attitudes et des croyances débalancées, tordues et confuses concernant les gens. Cette façon de voir les choses ressemble à un plan désuet et je sais que je peux tout changer.

Aujourd'hui, j'investis mes forces et ma puissance dans de nouvelles croyances.

Aujourd'hui, je sais que ma vie peut changer si j'ai la foi et la confiance... et surtout si je crois réellement aux changements.

Lorsque mes changements sont imprécis et manquent un peu d'enthousiasme, il en est de même dans ma vie personnelle. Je dois donc croire de tout mon coeur qu'un rétablissement sain, une relation juste et une vie harmonieuse sont possibles pour moi.

Aujourd'hui, je consacre mes forces et ma volonté à de nouvelles convictions.

LES MOMENTS TENDRES

JE SUIS ICI ET MAINTENANT
ET JE ME RÉJOUIS DE
TOUT CE QUI M'ENTOURE

Faites que je sois douceur aujourd'hui. Laissez-moi me libérer de ma coquille protectrice, laissez-moi détendre mes muscles, de sorte que je sois moi-même, plus flexible, moins irritable.

Je souris puisque je me sens en parfaite harmonie avec la nature. Mon esprit passe d'un moment à un autre. Je suis tendre envers moi-même avec une certaine conscience de la gentillesse cachée chez les autres.

Je m'accorde le temps d'apprécier les qualités d'autrui. Je touche et je me laisse caresser par le vent. Je porte une attention spéciale à tous les sons. Je me réjouis devant tous les goûts subtils et toutes les odeurs agréables.

Je vis le présent, ici et maintenant, et je rejette toute la douleur et la crainte du passé. J'ouvre mon coeur à la beauté qui m'entoure en vivant un moment à la fois.

DEHORS L'INDIFFÉRENCE

JE ME LIBÈRE DE
L'INDIFFÉRENCE

Aujourd'hui, je rejette mon indifférence et je me libère des lourdes sensations d'impuissance et de futilité.

Je me rends compte que je pourrais devenir apathique si je crois que ma vie n'a aucune signification, aucune possibilité de croissance et de changement. Au contraire, je vois que ma vie a des possibilités et que l'on peut toujours changer, que l'on peut toujours se libérer du passé.

À compter de ce jour, je ne serai pas insatisfait(e) et affaissé(e) par ce que mes parents ont fait. Je refuse d'être paralysé(e) par ce qui est arrivé dans ma vie. Le moment est venu de pardonner, de relâcher et d'avancer.

Je ne suis pas victime. Je vis, les yeux bien ouverts, libres de l'engourdissement et de l'insouciance. J'accueille chaque nouvelle journée avec allégresse et j'accepte avec enthousiasme tout défi qui se présente.

LA PRÉVENANCE

AUJOURD'HUI J'ÉCOUTE ATTENTIVEMENT TOUS CEUX ET CELLES QUI CROISENT MON CHEMIN

Je porte attention aux opinions, au passé et aux sentiments des autres et je vais m'efforcer de comprendre ce qu'ils disent ainsi que les mots qu'ils utilisent. Je ne tenterai pas de deviner ce qu'ils disent ni ne tenterai d'interpréter les jugements des autres envers moi.

Aujourd'hui, je m'efforcerai d'accepter les autres sans réagir à l'excès lorsqu'ils formulent une opinion ou un sentiment qui diffèrent des miens.

J'ai grandi dans une famille où régnaient la turbulence et la confusion; où je me sentais contrôlé(e) par les membres de la famille. Je ne ressens plus le besoin d'être dominé(e) par les émotions des autres.

Aujourd'hui, je reconnais mon impuissance devant les pensées, les opinions, les sentiments et les actions des autres. Je consacre donc cette journée à permettre aux autres d'être ce qu'ils sont.

Je suis ce que je suis. J'écoute attentivement en notant le point de vue des autres, de façon calme et appréciative.

L'ATTITUDE POSITIVE

J'AFFIRME MA VALEUR ET MA BONTÉ NATURELLE ET J'OUVRE MES YEUX AFIN DE CAPTER LA BONTÉ DES AUTRES

Aujourd'hui, je porte une attention particulière aux qualités positives des gens qui sont dans ma vie. J'exerce une plus grande tolérance devant la fragilité humaine et je deviens plus conscient(e) de la merveilleuse complexité de l'humanité.

En observant la bonté chez les autres, je fais de même chez moi. Quelle sorte de personne suis-je? Ai-je une attitude positive, aimante, forte et capable? Je recherche chez les gens leurs points forts, leur amitié, leur flexibilité. Je comprends qu'ils ne sont pas sur la terre pour combler inconditionnellement mes besoins, tout comme il m'est impossible d'en faire autant pour eux.

Je m'évertue à déceler la bonté chez les autres et apprécier leur unicité.

L'AMOUR

J'ACCORDE MON AMOUR LIBREMENT ET GENTIMENT

L'amour jaillit de ma personne comme des rayons de soleil. L'amour est fondé sur l'acceptation totale de moi et de toi. L'amour c'est donner. L'amour c'est le rayon éclatant que projette chaque personne.

Parfois, au cours de ma vie, mon amour était caché, bloqué par des nuages opaques. Aucune lumière ne pouvait les traverser. Cela m'empêchait de voir l'amour en moi, l'amour en toi.

Je suis la seule personne qui puisse chasser ces nuages. La seule qui puisse rayonner dans toutes les directions La seule qui puisse te laisser voir mon coeur.

Dans ma famille, l'amour que nous ressentions entre nous était souvent ennuagé de fausses promesses, de craintes, de colère et de confusion. Mais, aujourd'hui, ces éléments néfastes sont partis et je refuse de m'appesantir sur le passé.

Aujourd'hui, je laisse mon amour s'extérioriser et je suis généreux(se) avec mes pairs.

LE RYTHME PERSONNEL

J'APAISE MON CORPS, MES SOUCIS, AVEC LA CERTITUDE QUE JE NE SUIS PAS SEUL(E)

Je réduis mes activités aujourd'hui afin de m'accorder du temps. Je deviens émotivement calme. Je me repose en sachant que je peux accomplir le nécessaire sans hâte et sans énervement.

Je m'accorde quelques moments pour me mettre à l'épreuve et apprécier les nuances d'une vie calme. Je me déplace lentement, en pensant à mon rapport spécial avec le Tout-Puissant. Je sens qu'Il m'accorde Sa grande bonté et cela m'inspire.

En grandissant dans une famille dysfonctionnelle, j'ai plongé dans la foule afin de combattre la solitude, l'isolement et la honte.

Mais maintenant, je peux réduire le rythme, prendre mon temps. J'ai choisi ma propre compagnie de façon détendue, sans me sentir obligé(e) ni pressé(e).

LE RESPECT PERSONNEL

AUJOURD'HUI JE PRENDS CONSCIENCE DE MES PROPRES SENTIMENTS ET J'AFFIRME MON RESPECT PERSONNEL

Je vois deux sortes de peur: la peur saine qui me prévient des dangers réels du monde que je dois éviter - elle me protège. Mais il y a l'autre -l'anxiété - que je ne pourrai pas vivre à la hauteur des attentes qui me sont imposées par autrui.

Aujourd'hui, je me rends compte que je n'ai pas à m'efforcer continuellement de plaire aux autres. Je me plais, je tiens compte de moi. J'évalue mes besoins personnels, mes désirs et je sais que je peux agir sans crainte et ... sans aide!

Je sais que mes anxiétés se dissiperont au fur et à mesure que je respecterai mes propres besoins et désirs et que je les ferai connaître aux autres. Devant cette certitude, je découvre le bonheur et la paix.

LES RÈGLES

AUJOURD'HUI J'ANALYSE MES RÈGLES DE VIE ET JE LES MODIFIE EN FONCTION DE LA NOUVELLE PERSONNE QUE JE SUIS DEVENUE

Je sais que je peux conserver mes règles actuelles ou les modifier. Je peux réaligner les valeurs qui guident ma vie et les rendre compatibles avec la personne que je suis maintenant.

Je peux reconnaître l'importance de lignes directrices, de règles, de valeurs - des principes déclarés ou voilés qui me guident dans mon existence quotidienne. Je reconnais aussi le besoin d'évaluer les règles qui m'ont été transmises par mes parents et grands-parents.

Aujourd'hui, je comprends de plus en plus les règles de ma vie. Je les étudie minutieusement, avec la certitude que je peux les garder si elles me conviennent, ou les rejeter si je les juge surannées ou inopportunes

L'élément déterminant est le suivant: cette habitude me permet-elle d'embellir ma vie et de devenir une personne plus créative et plus complète ou si, au contraire, elle gêne ma vie et me relie au passé?

Les règles représentent des normes qui me mettent en présence de mes limites.

Je peux conserver celles qui me relient à mon passé ou je peux les réécrire et choisir celles qui me rendent confortable. J'ai le pouvoir d'effectuer ce choix.

LES SOINS PERSONNELS

AUJOURD'HUI JE RESPECTE MON CORPS

Mon corps est un présent vital et je le traite avec respect et avec le plus grand soin. Je veux découvrir la signification d'un corps bien nourri et je me fais une règle de ne manger que des aliments sains.

Ayant grandi dans un environnement dysfonctionnel, j'ai investi tant d'énergie aux autres que j'ai négligé mon propre bien-être. Mais, aujourd'hui, j'étudie mes habitudes et je me demande: «Mes habitudes favorisent-elles la santé et le bien-être, ou les ébranlent-elles? Mon alimentation est-elle exagérée ou insuffisante? Est-ce que je me permets de fumer et, par le biais du déni, est-ce que je crois être invulnérable? Est-ce que je m'accorde assez de temps de repos et d'exercice»?

Aujourd'hui, je procède à un inventaire courageux et méticuleux pour moi-même et pour des choses qui touchent mon corps et ma santé.

L'ENFANT EN MOI

AUJOURD'HUI JE PORTE ATTENTION À L'ENFANT EN MOI

Je suis adulte, mais je dois me rappeler de la valeur des qualités d'enfant pur que j'ai possiblement oubliées ou écartées.

Comme bien d'autres élevés dans une famille dysfonctionnelle, j'ai abandonné en bas âge mon enfance. Je suis devenu(e) trop tôt une personne sérieuse en acceptant la garde d'adultes dans ma famille - un rôle un peu lourd pour mon âge.

Aujourd'hui, je laisse mon enfant faire surface et lui permets de se mouler à mon état adulte. Je vibre d'énergie, d'émerveillement et je perçois le monde avec des yeux nouveaux. Je peux me permettre de rire en toute liberté et spontanément. Je peux être espiègle et vivre le moment présent de façon parfaitement centrée.

Aujourd'hui, la journée est parfaite pour voir comment les enfants s'amusent et agissent réciproquement dans leur milieu. Au moment où mon enfant Moi fait surface, ma rigidité se volatilise comme des glaçons au soleil.

LA CONFIANCE EN SOI

JE FAIS CONFIANCE À TOUTES MES PENSÉES, À TOUTES MES ÉMOTIONS

Aujourd'hui, je reconnais avec chaleur que je n'ai aucun contrôle sur les actions ou les émotions d'autrui. Je me situe dans ce monde, avec moi et mon Pouvoir Suprême. Il me faut continuer à établir un rapport avec les amis et les membres de ma famille, et continuer à grandir dans cette relation.

Au fur et à mesure que je fais confiance aux gens, que je m'offre à eux, je dois agir ainsi envers moi-même, envers mes pensées, envers mes émotions. En grandissant dans une famille dysfonctionnelle, il m'est souvent arrivé de ne pas tenir compte de mes pensées et de mes émotions. Dans une tentative exagérée de plaire aux autres, j'ai écarté le bonheur.

Aujourd'hui, j'ai besoin de retrouver la confiance en moi et en ma Puissance Suprême afin de continuer à prouver la justesse de mes propres pensées, de mes propres émotions.

Aujourd'hui, je mets l'emphase sur mes pensées et mes émotions.

LE SUCCÈS

JE PRENDS MES DÉCISIONS
EN TOUTE CONFIANCE

Je me sens à l'aise avec toutes les décisions que je prends puisqu'elles sont fondées sur ce que je sais et qu'elles suivent à mon propre rythme. Je refuse d'être gouverné(e) par l'impulsivité et de m'engager dans une démarche avant que j'en aie décidé moi-même.

En même temps, je n'ai aucune crainte à prendre mes décisions puisque chacune sera le fruit d'une mûre réflexion imbue de bonne foi.

Jadis, je laissais les décisions s'empiler. Je les plaçais en «attente» parce que je craignais de faire une erreur. Aujourd'hui, je sais que j'en arriverai au meilleur choix. J'ai le droit de faire des erreurs et le droit d'apprendre de ces erreurs.

Je ne peux vivre sans prendre de décisions. Cela dit, je les prends en toute confiance, sans crainte et en faisant de mon mieux.

LES PARENTS

J'ACCEPTE MES PARENTS ET J'AFFIRME MON INDÉPENDANCE ENVERS EUX

Aujourd'hui, j'entends vivre comme une personne indépendante de mes parents. Ils sont des gens avec leurs propres pensées, émotions et comportements. Ils n'ont aucun contrôle sur moi; je n'ai aucun contrôle sur eux.

Comme personne indépendante de mes propres pensées, émotions et comportements, je les aime et je ne les condamne pas. Ils ont leurs défauts, j'ai les miens. Mes parents sont doués de qualités louables et ils font de leur mieux, de la même façon que je fais de mon mieux. Je ne tenterai plus de modifier leurs pensées et leurs émotions.

Ma tâche, aujourd'hui, est d'affirmer mon indépendance et de déceler les caractéristiques positives chez mes parents.

LES OCCASIONS

JE PEUX FAIRE FACE À DE NOUVELLES OCCASIONS SANS CRAINTE

Aujourd'hui, je suis attentif(ve) et disposé(e) aux nouvelles occasions. Je les accueille de façon positive sans me laisser confondre par mes anxiétés.

Je vois que mes craintes proviennent de mes années d'enfance dans un environnement dysfonctionnel et dépourvu de sécurité, où je n'avais aucun contrôle sur les choses qui se produisaient. Mais, c'était alors et maintenant c'est maintenant! Je peux décrocher du passé, des sentiments turbulents qui m'ont tourmenté(e).

Si mon appréhension et mon anxiété persistent, j'aurai recours à des moyens pour amoindrir ma réaction envers le passé. J'entreprendrai des démarches afin de connaître la relaxation et la gestion du stress. Je m'engage à désapprendre les croyances qui me retiennent.

Je refuse d'être intimidé(e) par le passé ou d'en être esclave. Je deviens ma propre personne et j'accueille les occasions que le jour m'apporte.

L'AMITIÉ

AUJOURD'HUI JE TENDS LA MAIN À L'AMITIÉ, AUX GENS SPÉCIAUX DANS MA VIE

Aujourd'hui, je m'entoure de gens qui se soucient de moi. J'éprouve une intense satisfaction de savoir qu'il existe des gens dans ma vie auxquels je peux me confier. Et moi aussi je peux leur offrir mon amitié. Je peux leur apporter mon appui et les réconforter sans devenir responsable de leur vie. Jadis, je m'éloignais des relations amicales parce qu'elles étaient devenues trop douloureuses, trop exigeantes. Je m'attendais à trop de moi-même et des autres. Je me rends maintenant compte que je n'ai plus besoin de m'isoler des amitiés. Je ne peux résoudre les problèmes de mes amis et ils ne peuvent résoudre les miens. Mais nous pouvons nous accorder un soutien mutuel, nous pouvons nous soucier les uns des autres.

Aujourd'hui serait une bonne journée pour appeler un(e) ami(e) ou pour communiquer avec des gens que je n'ai pas vus depuis bien longtemps. L'amitié et le rétablissement vont bien ensemble, comme les deux doigts de la main.

LE MOI INTÉRIEUR

JE CULTIVE ET J'ÉCOUTE
MON INTUITION

Aujourd'hui, je plonge dans mon for intérieur pour une grande exploration de moi-même. Je deviens plus conscient(e) de ma voix intuitive afin qu'elle me guide au cours de la journée. Je connais la paix et la joie et je suis à l'écoute de l'élément sage de ma personnalité.

Maintes fois j'ai tenté de rejoindre la paix, sans la trouver. Je n'ai pas le temps de tenter de contrôler les forces extérieures, en tentant de contrôler les gens, de prédire le dénouement. Je ne semble jamais pouvoir obtenir autant que ce que je désire.

Je sais que le puits intérieur de mes réalisations jaillit de moi-même, indépendamment des événements qui se produisent à l'extérieur. Aujourd'hui, je suis à l'écoute de mon intuition et je la sens m'envelopper.

L'ABANDON

J'ABANDONNE LE PASSÉ ET JE LAISSE MES PLAIES SE CICATRISER

Je transcende les douleurs venues du passé. Devant la douleur, j'érige des barrières, des murs solides afin de me protéger et de me sentir en sécurité.

Aujourd'hui, c'est une nouvelle journée, un moment idéal pour aller au-delà des barrières douloureuses qui m'apportaient une illusion de sécurité. Je scrute les limites, je les examine et je me dis: **«Oui, un jour, elles étaient très importantes pour moi - elles étaient très utiles. Mais ce n'est plus le cas».**

Je n'ai plus besoin de l'héritage de la douleur qui m'éloigne du plaisir total du présent. Finies les barrières, j'ai confiance et je suis en attente des bonnes choses que la nouvelle journée m'apporte. Je ne m'arrête plus au passé. Je ne suis plus limité(e) par l'appréhension et je peux me déplacer librement. Avec un esprit de renouvellement et de résolution, je cherche de nouvelles directions, de nouveaux défis. Au moment présent, je ressens la joie et la paix.

LES MOTS PUISSANTS

J'UTILISE LES MOTS PUISSANTS D'OÙ ÉMANE LA FORCE QUI ME GUIDE

Les mots de cette journée seront puissants. J'utiliserai des mots qui transmettent un sens de maîtrise, de compétence et d'attitudes: **Je peux. Je veux. Je suis. J'accomplis...**

Je n'ai aucune intention de me limiter en utilisant des mots qui ressemblent à de l'indécision ou de la faiblesse. J'élimine les énoncés comme: «Je ne peux.» «C'est impossible.» «D'aucune façon...» «Je n'ai pas l'intelligence nécessaire.» «J'abandonne.»

Aujourd'hui, je me protège contre les messages d'échec transmis par moi... à moi, émanant de mon for intérieur tel un verbiage négatif. Aujourd'hui, j'y mets fin et je change mes pensées négatives en éléments positifs puisque j'ai le pouvoir de le faire. Je peux choisir des mots puissants pour m'aider à créer une nouvelle perspective de ma vie et de moi même.

L'ACCOMPLISSEMENT

AUJOURD'HUI JE ME SENS COMPLET(E), ACCOMPLI(E) ET AIMÉ(E)

Ce matin, je ressens de grands espoirs et un grand potentiel dans ma destinée. Je sens l'énergie de l'amour autour de moi. Je porte attention aux bonnes choses qui m'attendent. Je me prépare à construire sur les aspects positifs de ma vie et à les faire suivre demain.

Aujourd'hui, il n'est pas question de broyer du noir ou de ressentir une limite. Je veux faire partie du présent, mordre dans la vie avec vigilance devant le potentiel de tous les gens autour de moi. Ainsi, je serai en meilleure posture pour apprécier le mien.

Je me sens comblé(e) d'amour au fur et à mesure que mes espoirs s'enracinent dans la réalité. Je peux provoquer les bonnes choses et je peux actualiser mes possibilités. Par l'amour donné et reçu, je peux grandir et me réaliser.

LA DÉCOUVERTE DU BONHEUR

JE CRÉE MON PROPRE BONHEUR

Je suis le créateur de mon bonheur et, aujourd'hui, je reconnais que je ne le trouverai pas si j'attends qu'il se manifeste ou qu'il me soit donné par un bienfaiteur. Je trouve satisfaction en la personne que je suis et je découvre avec plaisir ce que la vie a à m'offrir.

Le vrai bonheur ne vient pas de l'extérieur, n'est pas provoqué par des voitures aux couleurs criardes, des costumes élégants ou des maisons de grand luxe. Je ne recherche aucunement la «bonne personne» pour m'apporter le bonheur, et ne demande pas de trouver le bonheur de la façon dont on trouve un trousseau de clés.

Je définis le bonheur pour moi-même, aujourd'hui même, et trouve beaucoup de plaisir à vivre... de ma petite façon bien à moi.

L'INGÉNIOSITÉ

JE SUIS UNE PERSONNE REMPLIE D'INGÉNIOSITÉ

Aujourd'hui, je tiens compte de mon ingéniosité. Je sais que je peux toucher mes objectifs, m'occuper de mes affaires, de sorte que je puisse bénéficier des autres aspects de ma vie.

Aucune évasion aujourd'hui. Aucune procrastination.

Aujourd'hui, j'accomplis ce que je dois accomplir. Je me charge des tâches déplaisantes que j'ai mises de côté. J'ai d'abord des plans précis, définis et je me plais dans l'accomplissement de mes objectifs. Je me sens libre, je peux avancer, je peux prendre le temps de bénéficier de ma créativité, sans me soucier outre mesure des affaires inachevées.

LA CROISSANCE

JE ME RENDS COMPTE DE LA GRANDE QUANTITÉ DE CHOSES QUE JE PEUX APPRENDRE DES AUTRES

Aujourd'hui, je recherche les choses que je peux apprendre d'autrui. J'apprécie la variété de talents, d'aptitudes, de sagesse et d'intelligence spéciale que je reconnais chez les gens.

J'observe leurs réactions émotionnelles et je constate qu'il n'existe pas une seule «bonne façon» pour tous les gens. J'admire librement les différents points de vue sans sentir un danger, sans sentir que je dois abandonner mes pensées et mes croyances personnelles.

Je crois que j'ai de la veine de pouvoir vivre la diversité et la bonne fortune de partager les éléments variés dans la vie des autres personnes. J'accueille la différence autour de moi, de façon calme et sans porter de jugement - c'est ma façon de puiser dans la sagesse et l'expérience des autres.

LA VIE SENSUELLE

J'OUVRE MES SENS À LA BEAUTÉ QUI M'ENTOURE

Le moment est venu de révéler mon être sensuel. Aujourd'hui, je participe à la vie avec une sensualité ouverte, consciente et réceptive.

Il m'est arrivé trop souvent, en grandissant dans ma famille d'origine, de voir ma vision embuée, mon ouïe bloquée, mon toucher engourdi.

Aujourd'hui, je suis une nouvelle personne, disposée à me prendre en charge, à ouvrir mes yeux à la beauté de la nature. Je pourrai me régaler devant le génie artistique mais libre des nuages, devant la magie des arbres et des feuilles. Enfin, je vois les couleurs, les formes, les ombres.

J'entends les sons, le murmure des voix, l'humeur de la musique, le bruissement du tissu et la caresse du vent silencieux. Je déguste les saveurs et... je savoure mes aliments.

J'effleure les gens autour de moi avec amour, avec douceur - et je les laisse me toucher. J'apprécie le plaisir de toucher et le sens de la vie.

LE CONTRÔLE

J'APPRENDS À SUIVRE LE COURANT DE LA VIE

Aujourd'hui, je rejette ma lutte pour tout contrôler. J'abandonne mes efforts pour dominer la vie. Je ne ressens plus le besoin de forcer les choses, de les faire tourner à ma façon. Je n'ai plus besoin de saisir et de contrôler.

Tout comme la rivière et ses flots tumultueux, la vie a aussi sa puissance qui tire avec saccades. Et, tout comme la feuille qui survit dans la rivière en suivant le courant, je peux, moi aussi, suivre le courant de la vie.

La rivière accepte ses méandres, ses galets, ses obstacles; moi aussi, je trouverai le chemin entre les obstructions et les frustrations de ma vie. J'ai survécu aux forces qui auraient pu m'affaiblir ou même m'anéantir, mais j'ai décidé de me libérer et de m'ouvrir à la beauté de la vie.

LA PRISE DE CONSCIENCE

JE VIS MA RENAISSANCE DANS LA FRAÎCHEUR DE MA NOUVELLE PRISE DE CONSCIENCE

J'entreprends maintenant la vie avec une nouvelle connaissance, née de l'éclair qui m'accorde la liberté de traiter avec le passé. J'en arrive à un accord avec la triste réalité que j'ai grandi dans une famille dysfonctionnelle. En tant qu'enfant issu d'une famille dysfonctionnelle, je me rends compte, maintenant que je suis adulte, que j'ai été affecté(e) par ma famille, de bien des façons. Même aujourd'hui, je sens l'anxiété et la crainte, tout comme un enfant craint la foudre.

Mais, parfois, l'éclair apporte une luminescence qui anéantit la noirceur afin que nous puissions reconnaître qui nous sommes. Une tempête peut provoquer en nous une sensation d'isolement, d'anxiété et de peur mais, après l'orage, nous nous sentons renouvelés et rafraîchis.

Je sais maintenant que je peux choisir cette nouvelle prise de conscience ou la négliger. Après la révélation de cette vérité aveuglante, je sais que je ne serai plus jamais la même personne.

Je ressens un éclairement, une certaine joie au coeur et je suis plus libre que jamais de jeter mon passé derrière moi et de faire ce que je dois.

LES BESOINS

JE RECONNAIS MES BESOINS ET, AUJOURD'HUI, JE ME SENS LIBRE DE LES FAIRE CONNAÎTRE

J'éprouve certains besoins et il est bien de les respecter sans se sentir coupable ou gêné. Aujourd'hui, je prends le risque de m'exprimer et de faire part de mes besoins à ceux en qui j'ai confiance.

J'entends faire face aux voix de la peur bondissant du passé qui me rappellent que je suis indigne et qui me menacent. En ce jour, je réponds à ces voix, je m'en éloigne et je révèle graduellement mes besoins à ceux qui s'en soucient.

Je comprends très bien que nul ne peut combler mon vide, nul ne peut m'accorder ma complétude. Même lorsque je fais connaître mes besoins, il se peut que les gens autour de moi ne réagissent pas toujours. Parfois, ils ne le peuvent pas.

Aujourd'hui, je comprends que même ceux qui se soucient de mon bien-être ne peuvent lire ma pensée. Aujourd'hui, mes besoins ne passeront pas inaperçus - je commence à les faire connaître.

LA SÉRÉNITÉ

JE PERMETS À MA PUISSANCE SUPRÊME DE PÉNÉTRER DANS MA VIE AUJOURD'HUI ET JE CHÉRIS LA SÉRÉNITÉ QUI EN DÉCOULE

Aujourd'hui, je mets de côté mon ego et je me rends compte que j'ai un lien indéniable avec une Puissance Suprême. Son rapport est renouvelé par des découvertes qui pénètrent en moi au moment où je suis stimulé(e) au-delà de toute attente, au cours des périodes d'ébahissement.

Je fais confiance à la sérénité que ma Puissance Suprême m'accorde. Je suis en contact avec la réalité irréfutable que la vie a une signification — toute la vie, Ma vie. Je me réjouis du fait que je fais partie de l'univers et que je suis protégé(e) par cette Puissance Suprême.

L'ESPOIR

JE PEUX TRANSFORMER MES RÊVES EN RÉALITÉ

J'entretiens certains rêves et souhaits avec la certitude que je peux les réaliser. Quand je pense à l'avenir, j'adopte une attitude d'attente et d'espoir. J'éprouve un grand plaisir devant les défis qui font ressortir le meilleur de moi.

Au sein de ma famille d'origine, mes espoirs étaient plutôt fantaisistes. J'espérais découvrir une potion magique qui apporterait un changement miraculeux. Je voulais que les membres de ma famille réagissent de façon différente. J'appréhendais l'avenir tout en espérant que la semaine suivante serait mieux, d'une façon ou d'une autre, ou peut-être le mois suivant, ou peut-être l'année suivante. Je priais pour qu'une force extérieure m'aide à trouver la vie plus supportable.

Mais maintenant, j'ai appris graduellement que les seuls changements que je peux contrôler sont ceux qui se rapportent à moi-même. Je peux changer, je peux contrôler mes réactions devant les gens et devant les événements.

Aujourd'hui, je m'intéresse d'abord aux choses que je peux faire afin que mes rêves deviennent réalité.

LA PAIX

JE SUIS EN PAIX AVEC MOI-MÊME, DANS UNE TRANQUILLITÉ ABSOLUE

Aujourd'hui, je suis parfaitement calme, je ressens la parfaite harmonie et la paix intérieure qui ne viennent qu'avec l'équilibre. Avec une certaine confiance, je fais face au stress avec la certitude que je peux calmer mes émotions turbulentes et mes idées fuyantes.

Aujourd'hui, j'entends prendre le temps de me libérer de toute tension - par une activité physique, la méditation, la prière ou toute autre forme d'affirmation de moi-même. Je me détends et je sens la tension quitter mes muscles, l'anxiété disparaître. Dans mon for intérieur, je ressens la paix de ma Puissance Suprême.

J'entends conserver cette paix intérieure tout au cours de la journée. Je veux être calme, avoir le plein contrôle de mes pensées, mes paroles, mes actions et mes réactions.

Quoi qu'il arrive aujourd'hui, je sais que rien - personne ou situation - ne peut déranger ma détente, ma paix, ma sérénité.

L'ABANDON

L'AMOUR EST POUR MOI

Je peux m'abandonner à l'amour tout en préservant mon indépendance. M'abandonner à l'amour ne veut pas dire abandonner mes convictions, mes valeurs ou mon intégrité. Je ne fais ces choses que lorsque j'ai tellement besoin d'amour, que je risque de m'abandonner totalement. Lorsque je crains de me perdre dans une relation d'amour, cela veut généralement dire que mon sens d'identité personnelle est fragile.

Lorsque je suis en amour, je permets à la personne de s'introduire dans mon petit monde intérieur. Je lui permets d'être présente et attentive jusqu'au plus profond de mon être. Je ne m'abandonne pas à l'autre personne, je m'abandonne à **mes sentiments** envers l'autre personne. Cela me semble une erreur désastreuse de penser que je peux perdre ou trouver mon identité dans une relation. Je n'entreprends pas une relation en croyant que l'amour peut remplir le vide de l'identité. L'amour est fait pour les gens qui savent ce qu'ils sont. L'amour est pour moi.

LE COURAGE

COURAGEUSEMENT, JE FAIS
FACE À MES PEURS

Aujourd'hui, j'examine mes craintes sans anxiété. La crainte, plus que n'importe quoi d'autre, peut me tenir esclave. La crainte peut enchaîner mon âme et réduire ma progression dans la vie.

Je peux vaincre la crainte. Je peux faire face à mes craintes et les surmonter.

Je les place entre les mains de ma Puissance Suprême, et elles se dissipent - elles perdent leur emprise sur moi. Devant ma Puissance Suprême, je n'ai plus d'inquiétude ni d'anxiété.

Aujourd'hui, je me débarrasse de mes petites craintes tenaces et de leurs tentacules qui m'étouffent.

Aujourd'hui, j'ai à l'esprit, en tout temps, qu'aucune crainte ne peut s'emparer de moi - Dieu est avec moi.

LE COURAGE

J'AI LE COURAGE DE CHOISIR
LA DIRECTION DE MA VIE

Je peux vivre ma vie ainsi que le désire de mon être le plus profond. J'ai le courage de choisir la direction de ma vie. J'ai le courage de prendre les décisions qui accroîtront ma démarche, tout comme j'ai le désir d'agir selon mes décisions.

Je fais un voyage de découvertes. Je découvre le coeur des situations qui m'empêchent de profiter de la vie. Je découvre les craintes spécifiques qui étouffent la croissance de mon plein potentiel.

Je découvre mes motivations, mes intentions, de sorte que je puisse en venir à des décisions éclairées concernant ma vie. Toutes mes découvertes m'aident à accepter la pleine responsabilité de ma vie et à la paver de nouveaux sentiers à suivre.

Je ressens l'essence véritable de ma personne jaillir et s'exprimer. Aujourd'hui, je suis inspiré(e) de façon à scruter mon for intérieur à la recherche d'une force qui me permettra de continuer librement à choisir la direction de ma vie.

LES MOMENTS PRÉSENTS

J'ENTENDS SAVOURER CHAQUE PRÉCIEUX MOMENT

Aujourd'hui, je prends le temps de profiter de tous les petits plaisirs que ce jour m'apporte. Je me concentre sur de petites périodes, le temps présent. Je ne laisse aucune anxiété du passé ou appréhension concernant l'avenir freiner l'élan de ce jour.

Je veux savourer ce jour, afin de m'étendre véritablement dans le présent - chaque seconde, chaque minute, chaque heure.

Ayant grandi dans une famille trouble, j'ai souvent sacrifié le moment présent pour me retrouver dans les blessures du passé et les craintes de l'avenir. PLUS JAMAIS! Aujourd'hui, le présent m'appartient et j'entends en profiter.

LES RESPONSABILITÉS PERSONNELLES

AUJOURD'HUI JE ME CHARGE DE MA VIE

Je suis libre et, dès aujourd'hui, j'assume la complète responsabilité de ma vie. J'éprouve un grand plaisir à savoir que je peux choisir librement la direction de ma vie.

Je ne blâme personne pour ma présente situation. Je ne porte aucune accusation et je ne cherche aucune faute chez les gens de mon entourage.

En acceptant la responsabilité de suivre ma voie et mon bonheur, j'engendre un processus de guérison. Je suis à l'abri de toute culpabilité, de toute dépendance des autres. Je n'ai plus à m'indigner devant l'«abandon» des autres. À compter de ce jour, je me réserve le droit de prendre les décisions qui s'imposent dans ma vie.

Toute responsabilité aveugle et irréfléchie envers les autres draine mon énergie, taxe ma vitalité, alors que ma liberté personnelle me libère et m'attire l'attention et l'amour.

Aujourd'hui je prends le temps de déceler ce qui est important pour moi, de sorte que ma vie reflète mes croyances. Je suis la seule personne à maîtriser ma destinée.

LA SÉRÉNITÉ

JE FERAI CE QUE JE DOIS
AFIN D'ASSURER MA SÉRÉNITÉ

Ma vie est calme, bien ordonnée. Je m'accorde assez de temps pour faire ce que je dois, me rendre où je veux. Les situations critiques ne représentent plus une condition de vie.

Dans ma famille d'origine, cette situation était habituelle - la vie était confuse, chaotique. L'anxiété et la crainte étaient mes compagnons inséparables au moment où je grandissais dans une famille dysfonctionnelle.

Comme adulte, je laisse librement tous ces soucis derrière moi - j'ai choisi d'être calme et d'avoir une vie bien ordonnée. Je ferai tout en mon possible afin de m'entourer de sérénité et de tranquillité d'esprit.

Dès maintenant, j'organise ma vie afin qu'elle progresse en douceur, en éliminant le désaccord et les complications. En me rappelant de réfléchir avant d'agir, j'entends être juste envers moi-même en m'entourant de sérénité en organisant méthodiquement mon existence et en chassant toute situation teintée d'agitation et de bouleversements.

Aujourd'hui, je réduis mon rythme de vie et je permets à la sérénité de pénétrer dans ma vie.

L'APPRÉCIATION

ON M'APPRÉCIE ET
J'APPRÉCIE LES AUTRES

Aujourd'hui, je m'entoure de gens qui accordent une certaine valeur à l'être que je suis, en en faisant de même pour eux. Même s'ils n'expriment pas toujours leur appréciation, je sais que le monde a été créé pour moi, par mon Dieu. Quelle plus belle assurance de mon appartenance à cet univers puis-je trouver dans le fait qu'une puissance divine m'a placé(e) ici et m'a entouré(e) de générosité et de beauté.

Je sens qu'on m'apprécie aujourd'hui, non seulement pour ce que je fais, mais aussi pour ce que je suis. Je reconnais mes aptitudes et mes talents ainsi que l'essence spéciale que je représente.

Aujourd'hui je laisse derrière moi toute la concurrence du «vous» ou «moi» du passé. Chacun de nous occupe une place dans l'univers. Sachant cela, je peux apprécier mes amis et mes collègues pour ce qu'ils font... pour ce qu'ils sont! Le succès et la réussite d'une autre personne n'entravent aucunement mes réalisations.

En ce jour, je fais partie du merveilleux échange d'appréciation qui accorde à toute personne la sensation d'être nécessaire, désirée et importante.

LE DON

JE PEUX DONNER AUX AUTRES SANS FICELLE

Je change ma définition de ce que représente une bonne mère, un bon père, une bonne personne. Une personne bonne n'est pas nécessairement une machine à donner. Je ne m'attends pas à continuer à donner plus que je reçois. Je n'ai pas à persuader les autres de m'aimer ou de m'admirer. Je me juge aimable et admirable.

Lorsque j'étais enfant, j'avais besoin de plus d'attention que je n'en recevais. J'ai grandi avec la notion que si j'en donnais assez, peut-être en recevrais-je autant. C'est une fausse idée qui s'est avérée destructive dans mon cas.

Aujourd'hui, j'entends donner lorsque c'est approprié et lorsque je le désire. Je n'entends pas donner afin de contraindre les autres à s'apitoyer sur mon sort. Donner est une chose merveilleuse lorsque cela se fait librement.

Aujourd'hui, ma motivation de donner est libre - sans attache.

LA DÉLICATESSE

JE CROIS EN LA DÉLICATESSE DANS MES RAPPORTS AVEC LES AUTRES

Je fais confiance à mon équilibre et à mes aptitudes au moment de traiter une situation qui se présente dans ma vie. Mon assurance personnelle qui se manifeste en découvrant la puissance spirituelle en moi.

Aujourd'hui, dans mes contacts avec les gens, je peux faire face à toutes les situations. Je communique avec doigté, avec amour - sans ambages et sans ressentiment, sarcasme ou amertume. Lorsque je procède avec doigté, les autres se sentent à l'aise, plus confiants. Avec un peu de tact, je peux dire ce que je veux avec patience et compréhension.

Une situation ou une personne peut sembler difficile, mais ma force intérieure me permet de traiter la situation avec délicatesse et obligeance. Ma foi dans ma force spirituelle intérieure et chez les autres me permet de jouer le rôle de catalyseur et de guérir.

L'EXPRESSION D'AMOUR

AUJOURD'HUI, JE VAIS TÉMOIGNER MON AMOUR À UN PROCHE

Je peux apprendre à exprimer mon amour à quelqu'un par mes actions, par mes paroles. Il est important pour moi d'exprimer mon intérêt envers les autres; pourtant, la tâche peut être difficile, peut-être en raison de ma formation dans une famille où on ne manifestait jamais d'amour. Peut-être ai-je permis à la crainte du rejet de s'exprimer pleinement?

J'apprends un nouveau vocabulaire de sentiments. Apprendre à être confortable dans le partage d'émotions intimes et profondes, deviendra plus facile avec la pratique. Comment puis-je dire à quelqu'un que je l'aime? Comment puis-je surmonter ma peur pour exprimer tout ce que je ressens?

Je dois commencer lentement - le processus de la connaissance ne se produit pas en un instant, et je ne m'attends pas à la perfection. Je prends une profonde respiration, en reconnaissant mon appréhension - **ensuite**, je dis ce que j'ai à dire en observant mes propres sentiments et non la réaction de la personne à qui je m'adresse.

Avec l'expérience et la pratique, je pénètre dans des niveaux plus profonds de l'amour.

ÉTABLIR LES LIMITES

**J'AI UN SENS PRÉCIS ET
BIEN DÉFINI DE MOI-MÊME**

Aujourd'hui, je célèbre mes frontières, mon sens exact du Moi. Au fur et à mesure que je progresse dans ma phase de rétablissement, mes bornes embrumées se précisent.

Dans ma famille d'origine, il était difficile d'établir clairement ce dont j'étais responsable ou non. Le raisonnement sur la cause à effet était généralement perturbé. J'avais la sensation que ces dimensions n'avaient rien à faire avec moi. Par le passé, mes frontières confuses me permettaient d'accepter les douleurs des autres et de les faire miennes. Je ne savais jamais où les miennes finissaient et où les autres prenaient le dessus.

Aujourd'hui, j'ai un sens nettement précis de moi-même. Je connais mes sentiments et ceux qui appartiennent aux autres. Je connais mes responsabilités et celles des autres.

Aujourd'hui, je commence à établir mes limites et j'affirme: «Non, je ne le ferai pas!» et même: «Personne ne peut m'y forcer!» Je peux me fier à mes sentiments et faire confiance à mon corps pour établir une démarcation distincte.

LES PRÉDICTIONS

JE ME LIBÈRE DE MES PRÉDICTIONS ET DE MES PROPHÉTIES DÉSUÈTES

Aujourd'hui, je regarde mon ancienne programmation, j'examine mes prédictions et mes prophéties d'échec et de ténèbres et j'efface la bande qui me communique les messages honteux de l'autodestruction.

Mes parents opiniâtres et d'autres personnes dans ma vie avaient prédit que je ne ferais jamais rien de bien, d'utile ou de productif. Ces prévisions se manifestent peut-être dans ma vie comme des prophéties de réalisation personnelle. Dans un bon nombre de situations, je sens un parent invisible qui flotte au-dessus de mon épaule et qui me chuchote: «Je te l'avais dit.»

Aujourd'hui, je vois que je peux changer la programmation. Aucune autorité ne peut prédire mes succès, mes échecs! Le seul parent analyste qui existe pour moi, aujourd'hui, c'est celui que je porte en moi. Je suis ma meilleure source de critique et je ne serai pas sévère envers moi-même.

J'ai déjà dépassé tout ce que mes parents, enseignants et proches parents avaient prédit pour moi. J'annonce que ma programmation sera bonne et que je me débrouillerai bien dans la vie.

LA FIERTÉ

JE ME SENS BIEN AUJOURD'HUI ET JE SUIS FIER(E) DE MA VIE

Aujourd'hui, je suis une présence dans ma propre vie. Je ne la vois pas comme un sport de spectateurs. Je prends des risques, je cultive l'excentricité - même dangereusement. Bref, je me rapproche de plus en plus de moi-même. Ma vie vaut la peine d'être vécue et je peux en être fier(e).

Ce que je fais aujourd'hui est important, parce que j'échange un jour de vie pour cet effort. Afin de produire une image saine de moi-même, je dois prendre le contrôle de ma destinée et devenir une personne qui provoque les événements.

Ma vie, c'est le point de départ de mes actions. Au fur et à mesure que je participe activement aux changements de ma vie, je me sens mieux. Quand j'exprime mes talents et mes possibilités, je contribue à l'expression du parfait Moi. Je vis mon existence avec fierté.

LES TÂCHES INACHEVÉES

JE M'OCCUPE DE MES AFFAIRES AUJOURD'HUI

Aujourd'hui, j'extirpe toute forme de désordre et de confusion dans mes affaires personnelles et professionnelles. En ce moment, je déclare que je fonctionne de façon dynamique avec un esprit dégagé, et je suis réceptif(ve) aux idées fraîches et aux nouvelles possibilités.

Je m'éloigne de toute «forme établie» de croyance. J'aperçois une nette distinction entre la façon dont les choses se présentaient dans ma famille d'origine, au moment où je grandissais, et la façon dont les choses se manifestent aujourd'hui. Je suis le parcours de ma vie dans la dimension du MAINTENANT - ma seule réalité.

Libre de toute forme d'attache ou de retrait, je réalise mes obligations avec ponctualité et efficacité. Avec un bon état d'esprit, j'élimine tout le travail accumulé puisque je m'engage avec ferveur dans toutes mes tâches. La tranquillité comble mon être tout entier et je mène à bon port toutes les transactions inachevées. Je sens la tension se retirer et je m'occupe des détails qui demandent toute ma concentration.

LA PRISE DE DÉCISIONS

JE PRENDS MES DÉCISIONS EN TOUTE CONFIANCE

Aujourd'hui, j'envisage mes choix sans crainte, parce que j'ai confiance en mes talents de prise de décisions. En continuant dans cette voie - avec intrépidité et audace - mes prophéties de prise de décisions augmentent.

Il fut un temps où toutes les décisions que je prenais semblaient être erronées parce que je vivais une situation de perdant(e), créée par une famille dysfonctionnelle. Aujourd'hui, je reconnais que je suis libre d'en arriver à des décisions appropriées en toute confiance.

Plus je prends de décisions, plus elles deviennent précises. En revoyant certaines de mes mauvaises décisions, je découvre la croissance. Lorsque je prends de bonnes décisions, j'augmente ma confiance et ma liberté de me déplacer dans la direction selon **ma** volonté.

Lorsque des choix s'offrent à moi, je refuse de laisser le passé paralyser mon habilité à être responsable de mes actions. Aujourd'hui, j'établis ma vie par les décisions que je prends.

L'ABANDON

AUJOURD'HUI, J'ABANDONNE LES CHOSES QUE JE NE PEUX CONTRÔLER

Le concept d'abandon est difficile à saisir. que ma vie familiale était houleuse, j'essayais ce qui était en mon pouvoir pour contrôler ce que ouvais. Lorsque cette vie était rigide, on m'en nait que perdre le contrôle était désastreux. L'idée andonner les choses que je ne peux contrôler me ble bénéfique - mais qu'est-ce que cela veut dire?

Abandonner et laisser Dieu prendre la relève ne t pas dire que j'abandonne, mais plutôt que je fais mon mieux et que je n'ai pas à contrôler le dénoue ent de tous les événements dans ma vie. L'abandon t aussi positif que la foi. Il me permet de me défaire l'idée que je dois porter tout le fardeau de la sponsabilité pour tous les gens et pour toutes les si ations.

J'éprouve un grand soulagement quand je pense ue je n'ai qu'à faire ma part; à accepter les respon abilités de mes actions. Je prends les choses calme ent aujourd'hui et je relâche mon emprise sur l'idée le ne jamais abandonner. En toute confiance et en oute quiétude, j'abandonne.

LES PENSÉES SAINES

J'ANÉANTIS TOUS LES VIEUX MESSAGES NÉGATIFS ET LES REMPLACE PAR DE SAINES PENSÉES

Mes convictions et mes croyances affectent ma vie. Lorsque mon énergie est consacrée à des pensées négatives, j'obtiens les mêmes vieux résultats néga tifs. Je suis bien décidé(e) à réaliser les changements que je désire. Je dois mettre fin aux croyances néga tives qui n'ont plus rapport avec ma vie d'aujourd'hui.

Lorsque mes vieilles dimensions d'anxiété ou de honte s'infiltrent dans mon raisonnement, je les anéantis avec les voix apaisantes de mon intérieur. Le monologue intérieur peut constituer un outil de valeur pour moi. Il n'est pas suffisant de souhaiter que ma vie soit différente pour que des changements positifs se produisent. Si je ne continue pas à penser en fonc tion du progrès que j'ai accompli, il m'est impossible d'obtenir de bons résultats.

Aujourd'hui, je me concentre sur les choses que je souhaiterais voir se produire au cours de ma vie. Je refuse de laisser de vieilles habitudes mentales éroder les changements que je désire.

BÂTIR SUR LES ERREURS

J'ACCEPTE MES ERREURS ET JE LES LAISSE CONTRIBUER À MA FORMATION ET À MA CROISSANCE

Le prix que je dois verser pour toute connaissance, c'est de la découvrir moi-même. Je dois prendre mes propres leçons - je dois faire mes propres erreurs. Je dois payer mes propres conséquences. Ce que j'appends constitue pour moi un défi. Je peux demeurer en place et stagner, ou je peux prospérer.

Mon objectif est de pouvoir me regarder avec fierté devant mes réalisations et mes erreurs. Je comprends que les choix que j'ai faits ne sont ni bons ni mauvais, mais sages ou imprudents. Je peux neutraliser la sensation de culpabilité et de honte parce que je me rends compte que mes insuffisances passées dépendaient de mon état d'éveil du moment.

Lorsque je regarde la situation passée, avec une connaissance toute nouvelle, je me demande comment j'ai pu autant manquer de naïveté et d'intelligence. Aujourd'hui, je me traite bien puisque je me rends compte qu'**alors** je n'étais pas la personne éveillée que je suis **maintenant**.

Aujourd'hui, j'accepte que ma vie est, à ce jour, le mieux que je puisse accomplir. Je continue à m'améliorer et à avancer dans le succès et la sagesse.

LE BON JUGEMENT

JE CHOISIS JUDICIEUSEMENT
ET J'AI UN BON JUGEMENT

J'écoute ma sagesse intérieure qui m'aide dans toutes les situations. Je la laisse me guider dans les choses que je dois faire.

Quand il y a du courant entre ma tête et mon coeur, je décide avec sagesse. Mais je dois m'ouvrir plus complètement à la voix de ma sagesse innée, je dois apaiser le bruit et la clameur à l'intérieur de moi-même, de sorte que ma sagesse puisse se faire entendre.

Jane Bradford Thurber écrivait:

> Mon Dieu,
> Aidez-moi à être calme et à savoir
> Que vous êtes là
> Je faisais tellement de bruit
> Que je ne pouvais vous entendre.

Chaque jour, j'augmente mes aptitudes à agir de façon à favoriser Dieu et de sains résultats. Je ne permets pas que ma crainte de ce que les autres pensent me force à agir contre mon choix logique.

Aujourd'hui, je traite mes affaires avec sagesse et confiance.

LE SUCCÈS

AUJOURD'HUI J'APPROCHE TOUS MES PROJETS AVEC CONFIANCE

Je mérite de vivre cette journée de façon triomphante. Aujourd'hui, j'ai choisi de connaître la joie et j'ouvre mon coeur et mon esprit à toutes les magnifiques expériences.

J'approche tous les projets, en ce jour, avec confiance et avec la certitude qu'ils seront couronnés de succès. Qu'il s'agisse d'un petit projet ou d'une grande réalisation, je terminerai chacune des tâches en sachant que la réussite m'attend. J'anéantis toutes remarques d'échec et je les interprète comme des voix du passé qui n'ont plus de compatibilité avec ma vie.

J'ai la possibilité, comme être spirituel, d'assumer le contrôle de ma vie. En moi existe le potentiel divin qui me permet d'accueillir chaque journée avec joie et foi envers mon succès.

AIMER ET ÊTRE AIMÉ

JE SUIS LIBRE D'AIMER ET D'ÊTRE AIMÉ(E)

Aujourd'hui, je proclame mon empressement à attirer les expériences d'amour dans ma vie. Je les désire, je les mérite et je suis capable de les accepter.

J'abandonne toute croyance qui refoule ces expériences en moi. Les notions de concurrence, de jalousie ou de rejet n'ont aucune place dans ma réalité d'aujourd'hui. Les douleurs, présentes ou passées, n'ont aucune chance de m'exclure de l'activité divine de l'amour. Je libère tous les gens dans ma vie du fardeau que je leur impose avec mon besoin d'être aimé(e). Je romps les liens avec les faux besoins de me défendre.

Lorsque j'enlève mon armure, les gens se sentent en sécurité en ma présence et peuvent m'aimer librement et je peux en faire autant. Cette délivrance se communique à mon entourage.

Aujourd'hui, je célèbre mes possibilités d'aimer et d'être aimé(e).

LA VOIX INTÉRIEURE

MON INTUITION DICTE
MA CONDUITE

Je fais confiance à mon intuition et je la laisse me guider et meubler tous les coins de ma vie. Aujourd'hui, je porte attention à la voix intuitive en moi. Je prends le temps d'écouter, d'évaluer et d'agir de façon appropriée.

Mon intuition est un don qui me confère, au besoin, la connaissance de moi-même. Les bonnes idées sont toujours disponibles - dans l'attente de mon éveil et de la possibilité de les guider à bon escient.

Dans ma famille d'origine, j'ai souvent tu ma voix intérieure. Comme enfant, mon intuition m'enveloppait de sécurité et, parallèlement, m'incitait à m'exprimer. Comme adulte, je ne vis plus avec ce double écrou.

Aujourd'hui, j'accueille ma connaissance intérieure et j'écoute attentivement. Aujourd'hui, j'apprécie les idées créatrices que mon intuition m'apporte.

LE RISQUE

DE MERVEILLEUX CHOIX ME SONT OFFERTS

Aujourd'hui, je mets de côté tous les schémas coutumiers et je m'élance dans l'arène de la découverte. Aujourd'hui, je vois une abondance d'options qui me sont offertes. Je donne libre cours à la richesse de mon imagination et j'explore les comportements et les pensées que je n'aurais jamais cru possibles.

Aujourd'hui, je trace mon itinéraire avec confiance et courage. Je sais que ma Puissance Suprême inspire mes idées et me protège dans ma réalisation. Je m'offre, en ce jour, un banquet d'expériences, j'accepte les défis, je risque l'expérimentation et la découverte de nouvelles façons d'être. Des surprises inhabituelles m'attendent et je ne m'attends qu'à de bonnes choses.

LE RAJEUNISSEMENT

DANS MON ÂME, J'ENTRETIENS
UNE CHALEUR NOUVELLE
ET ÉTERNELLE

Les vents violents de l'hiver attirent encore l'attention bien que la saison s'achève. Je suis conscient(e) de tous les aspects déplaisants des saisons les moins amicales. Certains souvenirs de mon enfance malheureuse s'attardent encore en moi et soufflent des vents glaciaux sur mon âme. Je suis conscient(e) de ces courants, tout comme je le suis de la froideur du monde qui m'entoure.

Plus n'est besoin de lutter contre ces éléments - j'ai trouvé une nouvelle chaleur permanente dans mon âme. Je suis aussi important(e) dans le schéma de la vie que chaque flocon de neige. J'éprouve la même satisfaction et la même patience que les racines du grand chêne dans la forêt, et je sais fort bien que la chaleur, le soleil et la caresse de la brise printanière m'apporteront la jeunesse.

Aujourd'hui, je prends conscience de la chaleur et de l'amour durable dans mon âme qui attendent patiemment la naissance du printemps.

LA SURVIVANCE

À NOUVEAU, JE PRENDS CHARGE DE MA DESTINÉE

Aujourd'hui, je me rends compte du changement, au fur et à mesure que j'abandonne ma douleur. Bien qu'elle existera toujours en moi, l'abandonner signifie que je peux l'endurer sans crainte d'en être absorbé(e) ou victime.

Aujourd'hui, je ne m'identifie plus uniquement à la douleur. Je commence cette journée avec la profonde conviction qu'il y a beaucoup plus dans la vie. Je sais maintenant que ce mal m'appartient, mais il ne me possède plus, ne me contrôle plus. Mon anxiété se dissipe au fur et à mesure que je me rends compte que ma douleur ne sera pas ma perte.

Aujourd'hui, je sais que je SURVIVRAI. Toutes les pièces déchirées de mon être se rassemblent et je reconnais mon propre pouvoir de guérison. Le supplice n'est plus mon lot.

Aujourd'hui, à nouveau, **Je** suis maître de moi-même.

L'APAISEMENT

JE FIGE MES PENSÉES,
JE CHERCHE CE PETIT COIN
DE QUIÉTUDE EN MOI

En ce moment, je freine les anxiétés de mon raisonnement précipité et je vise ce sanctuaire paisible en moi. En ce lieu calme, de grandes idées spirituelles se révèlent. Je les accepte et j'y donne suite. Je prends ce moment pour me reposer de mes inquiétudes habituelles - je prends une grande respiration et gonfle mon esprit de paix.

Pour le moment, je me repose de mes craintes, de mes inquiétudes, de mes doutes. Dans cette douce tranquillité, je découvre la puissance de guérison qui libère ma conscience afin qu'elle puisse engendrer des sensations et des connaissances positives. Cette passivité est cloîtrée en moi jusqu'à la fin de ce jour.

Dès le matin je sais que toute interférence négative dans mes pensées se dissout. Je suis en relation avec l'amour de Dieu et cette dimension déborde dans mes relations, mes affaires, ma santé et mon bien-être.

LE JEU

AUJOURD'HUI, JE FAIS RESSORTIR AVEC DOUCEUR ET TENDRESSE L'ENFANT EMPRISONNÉ DANS MON ÂME

Aujourd'hui, je me plais dans le jeu, sachant que j'ai le droit de poursuivre mes activités agréables. Je mérite de me détendre d'une façon non destructive. Je n'ai plus à me préoccuper des activités extérieures au point d'ignorer mon propre besoin de rire et de m'amuser. Je refuse d'accorder une responsabilité excessive aux autres et de m'en priver.

Je peux me récréer et m'amuser sans m'engloutir dans la culpabilité ou l'anxiété. Je peux rechercher les gens et les situations où je peux aller cueillir ce délicieux «enfant» dans mon âme. Aujourd'hui, je me sépare de mes responsabilités avec la certitude qu'on ne me définit pas seulement par mes actions.

Aujourd'hui, j'invite mon enfant à jouer, qu'il soit espiègle, adorable, désobéissant. Je bénis l'enfant en moi et lui accorde tout mon amour.

LES BESOINS

JE SUIS LA SEULE PERSONNE À CONNAÎTRE MES BESOINS

Aujourd'hui, je fonde mes décisions sur mes besoins. J'apprends à être sensible aux changements que je découvre dans mon rétablissement. J'apprends à être flexible avec mes nouveaux besoins, mes nouvelles méthodes. Ce qui était approprié pour moi hier, ne fonctionne pas nécessairement dans ma vie maintenant.

Je ressens le besoin d'essayer de nouveaux styles de comportements, de pensées et de sensations. Les changements que je vis ne sont peut-être pas permanents. Je sais seulement que si ces changements sont fructueux maintenant, je continuerai à les utiliser.

En apprenant à me connaître, j'analyse et questionne mes vieilles coutumes, mes vieilles valeurs. J'évalue ce qui m'apporte de bonnes sensations et ce qui ne m'apporte rien. Puisque je suis la seule personne à savoir précisément ce qui m'apporte une sensation de bien-être, je base mes décisions sur **mes besoins**.

Aujourd'hui, je m'entoure de bonté et de patience.

LES SENTIMENTS

MA VIE ÉMOTIVE EST UNE
EXPRESSION UNIQUE DE MOI-MÊME

Tous mes sentiments sont importants. Je me libère lentement de mes propres émotions. Cette crainte d'exprimer mes sentiments m'a porté(e) à les réprimer ou à les nier. Je sais que si j'adopte ce schéma, mon corps lancera des cris - même si je ne le fais pas moi-même. Il n'est plus question que je me traite avec malveillance.

Jadis, j'ai peut-être jugé sévèrement ma sentimentalité. Je ne crois plus que ma colère, ma mélancolie ou mon affection ait causé l'alcoolisme dans ma famille. Je ne veux plus me priver d'une vie émotive en raison de croyances boiteuses.

Mes émotions sont uniques et un éventail de nouveaux sentiments jaillissent au moment où je découvre de nouvelles expressions.

LE JUGEMENT

MON JUGEMENT EST FONDÉ ET J'UTILISE MA SAGESSE INNÉE

Aujourd'hui, j'ai un bon jugement par rapport à mes pensées et à mes émotions. J'élimine toute crainte, toute fausse imagination pouvant provoquer l'anxiété.

Les jugements et la perception des autres laissent ma tranquillité d'esprit imperturbable. Je suis l'autorité qui domine mes expériences. En ce jour, je suis ancré(e) à la vérité.

Je n'accorde plus une confiance inconditionnelle aux gens ou aux croyances qui me sont destructives. Je peux me protéger en étant à l'écoute de mes sentiments. Ma sagesse innée constitue mon meilleur guide.

Aujourd'hui, j'utilise mon jugement, le purifie et rejette de ma conscience toutes les idées, les situations négatives et tous les gens négatifs.

BESOGNE INACHEVÉE

JE COMMENCE CETTE JOURNÉE EN METTANT DE L'ORDRE DANS MA MAISON MENTALE

Aujourd'hui je fais le ménage du printemps. C'est une occasion, après un hiver rigoureux, d'ouvrir mon esprit aux idées fraîches et de balayer mes pensées éventées. Je fouille dans mes notions et mes sensations et je prends note de la besogne inachevée qui s'enlace comme des fils d'araignées dans les recoins de mon esprit.

J'anéantis ces fils et je chasse la poussière. J'allume ma conscience et je permets à la lumière d'illuminer les coins et recoins où se réfugiaient les vieilles craintes inutiles.

Je me débarrasse de l'amertume, je largue les ressentiments mesquins et tous les autres schémas périmés de comportements qui ne me conviennent plus. Je récure la crasse, la critique du Moi et le blâme. J'extirpe la honte. Je laisse l'air frais, les concepts nouveaux et la lumière m'envahir.

Sans désordre, je ressens l'éclat et la limpidité de mes objectifs. La ronde du printemps et les nouveaux départs imprègnent l'air. Ma Maison est en ordre et je suis prêt(e) à entreprendre cette journée.

LES DÉCOUVERTES

JE PARS EN VOYAGE, À LA DÉCOUVERTE DU PUISSANT MOI INNÉ

Je m'ouvre aux risques et aux surprises. Comme dans la cas de tout déplacement, la poursuite de la connaissance du Moi peut être ornée de forces et d'éliminations.

J'ai confiance. J'accepte mes pouvoirs et mes besoins. Je reconnais que ma force provient de l'attention et des soins que je m'accorde et que je partage avec les autres. Je pense à ceux que j'aime et je sais qu'on m'aime, moi aussi. Je me baigne dans la chaleur de cette certitude.

J'ai des besoins et je suis une personne importante. Je ne laisse rien me diminuer; plutôt, je grandis, je m'enracine et je cultive la puissance. Au fur et à mesure que je recherche, je découvre et je me délecte des nombreuses facettes de ma puissance innée.

LA PRÉCISION

LA PRÉCISION EST TOUJOURS À MA PORTÉE

Aujourd'hui, ma façon de penser est simplifiée, au moment où je centre mon attention sur ma voix intérieure. Trop souvent, dans ma famille d'origine, l'environnement était chaotique et compliqué. Comme enfant, je semblais toujours emprisonné(e) par des contre-courants de confusion. Comme adulte, mes pensées se présentent sens dessus dessous et j'éprouve certaines difficultés à prendre des décisions.

J'ai maintenant les compétences pour simplifier mon raisonnement. Je préfère faire une pause et prendre le temps de jeter un coup d'oeil sur le pour et le contre d'une décision sans m'accabler.

Aujourd'hui, lorsqu'on me demande de prendre une décision, j'apaise mes pensées et je m'enligne avec l'Ordre Divin. J'écoute avec ma voix intérieure alors que je permets à ma Puissance Suprême de diriger ma réflexion.

La précision m'est offerte et l'ordre est déjà établi. Il ne reste qu'à me mettre à l'écoute.

LE RIRE

JE ME RÉJOUIS DE MES RIRES

Le rire constitue une partie vitale de la vie, qui naît dans le sourire d'un bébé. Ma vie est comblée de délices. Sur la route de mon rétablissement, je suis plus conscient(e) de l'effet guérisseur du rire: il représente l'un des dons de Dieu qui illumine le coeur. J'accepte et je réfléchis le bonheur; je le vois se manifester partout.

L'humour fait partie intégrante de ma vie et je me réjouis devant sa manifestation. Le rire, c'est la musique de mon âme, de mon esprit.

Aujourd'hui, mon esprit et mon coeur accueillent les rires qui se manifestent en moi.

LA MOTIVATION

J'AI LA MOTIVATION DE POURSUIVRE MES OBJECTIFS

Aujourd'hui, je poursuis mes objectifs, je règle mon point de mire afin de me motiver. Il n'y a aucune raison pour que je vive une existence vide, inaccomplie. Si je ne connais pas le chemin, je demanderai à Dieu de me fournir le lien et l'inspiration.

Quel est mon désir sincère dans la vie? Ai-je accepté une destinée au jour le jour qui offre quelque confort et sécurité, sans défi? Peut-être que pour la première fois de ma vie, je recherche ce que *je* désire. J'établis mes visées, qui ne sont pas fondées sur l'opinion de Moi par une autre personne.

Aujourd'hui, je me sens motivé(e) d'expérimenter la vie à plein. Je me fais nettement à l'idée que chaque situation que je rencontre ne peut qu'ajouter à mon Éducation Supérieure. Je fonce, je n'abandonne pas, je ne me décourage pas.

J'ai la volonté et la motivation d'atteindre ce que je désire.

LA PUISSANCE SUPRÊME

JE ME RANGE ET JE CÈDE
LA PLACE À DIEU

Aujourd'hui, je me range et je laisse la Puissance Suprême se réaliser à travers moi. Je ne tente plus de bloquer la Puissance Suprême par mes efforts. Aujourd'hui, je place mon ego derrière moi et je laisse ma voix intérieure m'indiquer le chemin.

Je n'interfère aucunement avec l'accomplissement de l'esprit de Dieu en moi.

Parfois, mon esprit devient tellement confus que je me sens comme une balle de caoutchouc qui rebondit sans direction précise. Lorsque j'ai cette sensation, peut-être que je me sauve de quelque chose que je dois faire, voir ou ressentir. Je sais qu'il y a une voie pour moi, si seulement je pouvais me calmer suffisamment pour entendre.

Aujourd'hui, j'affirme mon courage afin de regarder dans mon for intérieur, d'aller voir la source intérieure et éternelle de la sagesse. Aujourd'hui, je ne me crée pas de barricades.

L'OPTIMISME

JE FAIS FACE AUX DÉFIS
DE LA VIE AVEC OPTIMISME

Aujourd'hui, je suis optimiste face aux expériences et aux gens qui entrent dans ma vie. J'interprète toutes les rencontres comme des occasions d'accroître mes connaissances. Je ne ressens aucune menace des gens ou des situations. Les défis ne servent qu'à stimuler les dons que j'ai en moi - ils sont là pour mon plus grand bien.

Avec cette confiance, cet optimisme, je ne peux être victime d'aucune situation. Je ne ressens que de l'énergie. Je bénis mes défis parce qu'ils m'offrent la chance de m'exercer. L'optimisme me permet d'accueillir les changements qui se produisent dans ma vie. Lorsque j'entrevois une transformation avec doute et crainte, je me refuse tout avancement. Le changement m'offre une possibilité de croissance. J'apprécie ma liberté de devenir moi-même et les défis qui me permettent d'actualiser mon potentiel.

LA PRATIQUE

JE COMMENCE DÈS AUJOURD'HUI À METTRE EN PRATIQUE MES NOUVELLES CONNAISSANCES

Ma connaissance ne se transforme en puissance qu'avec son utilisation. Maintenant que je possède les grappes d'information dans ma vie, comment vais-je les utiliser? Peut-être ai-je lu trop de livres, un nombre trop imposant d'articles, me suis-je imposé(e) une trop grande quantité de conférences concernant les sources de mes problèmes?

Ai-je utilisé cette information à bon escient, ou est-ce que j'accumule tout simplement des connaissances? Je ressens toujours un malaise intérieur - ou une douleur - c'est peut-être un avertissement que le moment est venu de mettre mes idées en marche.

Aujourd'hui, je reconnais qu'il est préférable de tenter une bonne idée que d'en accumuler une centaine et les laisser inactives. Il est important pour moi de passer de la théorie à l'expérience personnelle. L'information ne m'est d'aucune utilité jusqu'au moment où je prends le risque et que je me prouve que je peux faire le premier pas.

En moi, le potentiel illimité existe et me permet d'être ce que je désire. Je commence dès aujourd'hui à mettre en pratique ce que j'ai appris.

L'INTIMITÉ

JE SUIS ATTIRÉ(E) VERS LES GENS QUI S'OUVRENT À L'INTIMITÉ

De nouveaux territoires s'ouvrent pour moi au moment où je prends connaissance de moi-même, en fonction de mes sentiments et de mes croyances. J'ai envie de vivre l'expérience de nouveaux comportements alors que je me dépouille des entraves de mes programmations désuètes.

Me sentir éloigné(e) d'une personne que je ne peux posséder est sécuritaire. Cette dimension devient dommageable pour moi, seulement lorsque j'en fais un mode de vie. Si je désire croître, je dois être disposé(e) à envisager mes craintes d'intimité avec une personne réelle dans l'«ici» et le «maintenant». Me laisser aller à la dérive dans un nuage d'autodéception ne me satisfait plus.

Jour après jour, je m'apprête à accepter les défis de l'intimité. J'ai allumé les feux brillants sur les sombres schémas mécaniques de mon passé. Avec une connaissance du Moi de plus en plus profonde, je mérite une relation réalisable.

LE MINUTAGE

JE CULTIVE LA PATIENCE, JE LAISSE LES SOLUTIONS VENIR À MOI À LEUR PROPRE RYTHME

Aujourd'hui, je ne me précipite pas vers les solutions. Chaque chose se manifeste au moment propice. Je dois apprendre à laisser couler le fleuve des événements et mon propre sens du minutage. Je dois apprendre à patienter. Lorsque je me précipite dans quelque chose avant d'être bien préparé(e), ou avant que les conditions ne soient bonnes, plus tard, je regrette de ne pas m'être écouté(e). Souvent je manque de patience et je me laisse aller à la tentation de tout faire en même temps, plutôt que d'en faire peu à la fois.

Aujourd'hui, je suis imbu(e) de patience - je retarde toute action jusqu'à ce que je ressente que j'accomplis la bonne chose au bon moment. En cultivant le sens de l'équilibre et du minutage, je deviens plus efficace.

C'est le silence et les voix de ma raison qui me font agir avant de penser. Je sais que les solutions réelles me viendront dès que je me placerai patiemment à l'écoute de mon propre processus émotif et intellectuel.

LA DESTINÉE

JE SUIS DESTINÉ(E) À CONNAÎTRE LE BONHEUR ET LA JOIE

J'ai été créé(e) pour vivre le bonheur. Je ferme mon esprit à toutes les voix critiques qui tentent de me faire croire autre chose. Je mérite le bonheur. Rien de nuisible ne peut m'arriver lorsque je suis entouré(e) de bonheur et j'entends organiser ma vie de façon à faire du bonheur une possibilité. Je refuse de vivre selon des règles multiples - de prétendre désirer le bonheur tout en étant indécis(e) face au bonheur qui découle mes actions.

Le calvaire et le sacrifice du Moi n'ont aucune place dans ma vie. Je n'ai pas à recréer l'histoire de ma famille d'origine. Dans mes relations amoureuses, je ne choisirai pas un partenaire de souffrances. Je ne cherche pas une personne qui me rejettera, me laissera tomber, m'abandonnera.

Je suis une personne destinée à connaître le bonheur. Je me sens attiré(e) par les partenaires avec lesquels je peux connaître le bonheur et la joie sans bornes.

LA CRÉATIVITÉ

J'UTILISE MA CRÉATIVITÉ
AFIN DE DEVENIR
CE QUE JE PEUX ÊTRE DE MIEUX

J'utilise ma créativité et mon imagination afin de résoudre mes propres problèmes. Je fais confiance à ma puissance mentale, émotive et spirituelle afin de chasser mes inquiétudes. De cette façon, je libère ma créativité.

Je n'ai plus peur de spéculer - de laisser mon esprit découvrir de nouveaux canaux, de nouveaux changements, même si cela semble impossible. Je découvre de nouvelles réalités en moi lorsque j'ose penser de façon différente.

Je peux utiliser la même liberté d'imagination afin de déceler de nouvelles idées pour mon bien-être. Je suis une personne créative impliquée dans un projet enivrant - mon autotransformation.

J'utilise toutes mes ressources et je fais confiance à mes aptitudes inhérentes qui me permettent de cheminer vers mon bien-être absolu.

LES NOUVEAUX DÉPARTS

PREMIER JOUR DU PRINTEMPS

Aujourd'hui, je lance la journée avec de nouvelles aptitudes d'espoir et un sentiment de renouvellement.

Ce matin, en me levant, j'ouvre la porte à une nouvelle vie. J'approche cette journée avec des perspectives fraîches. Aujourd'hui ne nécessite aucune reprise, ni ne constitue une répétition desséchée de la vie sèche d'hier. Le stress d'hier appartient à l'amertume des jours qui ne sont plus. Je fais confiance à ma Puissance Suprême pour me guider dans l'abandon des choses que je peux contrôler. Je constate que le stress de ma vie provient d'un bon nombre d'événements que je n'ai pu contrôler et de mes réactions automatiques aux décisions provoquées par d'autres.

Aujourd'hui, je repars avec une nouvelle fraîcheur. Je me sépare des fardeaux des jours précédents et je permets à l'énergie positive de s'infiltrer en moi au moment où j'accueille ce jour avec des pensées limpides - sans crainte.

L'AMOUR ET L'HARMONIE

JE SUIS EN CHARGE DE MA VIE. J'AI CHOISI DE CONNAÎTRE L'AMOUR ET L'HARMONIE

Je suis en charge de toute mon expérience. C'est ma responsabilité vitale de diriger la personne que je suis. Je le fais dans une dimension de délicieuse anticipation, en sachant que j'ai le pouvoir et la force de me créer une existence saine.

Les messages que je me transmets aujourd'hui sont clairs, positifs et définis. Je m'assure que ces messages sont reçus en les transformant en actions. Les voix qui critiquent, qui jugent n'ont aucune place dans mes pensées puisque je me fie à ma sagesse innée. Je ne permets à aucun chant, interne ou externe, de me faire osciller, de m'éloigner du sentier de la santé, de l'amour et de l'entièreté que j'ai choisi.

Je suis le président du conseil. Je suis le directeur suprême de ma vie pour toujours et je rédige mon propre ordre du jour. La dissension interne et la perturbation sont à tout jamais anéanties - la conduite de ma vie se fait désormais dans l'équilibre et l'harmonie.

L'UNICITÉ

J'APPRÉCIE CE QUI EST
UNIQUE EN MOI

J'attache une certaine valeur à ma spécificité et j'ose l'affirmer. Puisque l'univers s'exprime par une multitude de différences dans toutes les phases de la création, j'ai décidé d'en faire autant. Mon être intérieur s'exprime par le(la) non-conformiste que je suis. Aujourd'hui, j'applaudis cette doctrine ainsi que toutes les différences dans ma vie.

J'écarte le besoin de plaire aux autres ou de me conformer à ce qu'ils sont. Lorsque je suis sincère envers moi-même, j'exprime facilement et affectueusement mes propres opinions et croyances sans crainte du rejet. Ma valeur personnelle n'est pas compromise lorsque je reconnais l'unicité chez moi, chez les autres. Il n'est pas nécessaire que je sois d'accord avec tous les gens et il n'est pas nécessaire que tous les gens soient d'accord avec moi. La foi en mon caractère distinctif me permet de comprendre ceux et celles qui ne me comprennent pas.

Je louange cette unicité et la porte avec fierté.

– *L'ÉGOÏSME*

J'AI MES BESOINS, MES MANQUES, MES VALEURS

Il est parfaitement normal pour moi d'être égoïste. Le rétablissement signifie que je fais honneur à mes besoins, mes manques et mes valeurs. Bref, je fais honneur à ma propre vie. J'ai le courage d'appuyer mes convictions - de combattre pour édifier mon bonheur.

Comme enfant, on m'a enseigné que l'égoïsme était un sale mot. Dans un environnement dysfonctionnel, il n'est pas acceptable de se concentrer sur ses propres besoins.

Aujourd'hui, cependant, je me rends compte que sans l'honneur de mes propres intérêts, je ne peux survivre. J'apprends que le Moi doit être célébré et non rejeté, abandonné ou sacrifié. Même dans la relation la plus intime, la plus aimante, j'ai besoin de respecter mes propres besoins, mes propres manques. Sinon, je me perds et éventuellement je perds la relation. J'apprends à être égoïste dans le sens le plus sain du mot.

ICI ET MAINTENANT

AU MOMENT OÙ J'ÉTENDS MES CONNAISSANCES, CHAQUE MOMENT EST RICHE

Je sais que je peux améliorer ma vie. Je peux le faire un jour à la fois et profiter de chaque moment. Alors que chaque seconde s'épanouit, je constate que je suis, à ce moment précis, le meilleur de moi-même. Dieu m'a prêté la vie et la possibilité d'être heureux. Il n'en revient qu'à moi de me plaire à être ce que je suis. Au fur et à mesure que j'abandonne mon passé troublé, je deviens de plus en plus conscient(e) des merveilles qui m'entourent.

Pendant ces quelques moments, du moins, j'élimine la crainte, l'abaissement et l'anxiété qui se manifestent comme des fils d'araignées sur ma conscience. Je laisse les puissants courants d'amour circuler en moi, en libérant toute pensée de limites ou de désapprobations. Je reste avec un sentiment de paix et de bonheur.

Aujourd'hui, chaque moment doit être rempli d'une variété sans fin d'expériences qui donneront libre cours à ma joie de vivre.

RECEVOIR DES CADEAUX

J'APPRENDS À RECEVOIR -
JE SUIS PRÊT(E) À
ACCEPTER MES BONNES CHOSES

Je m'enseigne à recevoir volontairement, de façon gracieuse. Apprendre à accepter les bonnes choses est une tâche importante. Si quelqu'un m'offre quelque chose, je l'accepte avec grâce et non de façon négative en disant «tu n'aurais pas dû faire cela!»

Jamais plus ne me priverai-je du plaisir de recevoir en songeant immédiatement à ce que j'aurai à donner en retour.

Apprendre à recevoir, c'est en partie m'accepter comme valable. Je commencerai à recevoir en abondance dès que j'accepterai mentalement que je mérite à profusion. Si je résiste ou si je rejette cette croyance, il m'est impossible de m'offrir les largesses de la vie.

La prochaine fois que je recevrai un cadeau, je n'analyserai plus et je ne chercherai plus les ficelles - ce sont de vieux schémas fondés sur des craintes du passé. La vie ne se montre pas généreuse seulement envers les personnes qui le méritent; elle s'ouvre aux personnes qui *savent* qu'elles le méritent.

ICI ET MAINTENANT

JE CHOISIS DE VIVRE PLEINEMENT, DÈS MAINTENANT

Aujourd'hui, je décide de recommencer à neuf, parce qu'aujourd'hui c'est tout ce que j'ai. Mon monde présent est créé de mes croyances présentes. Je refuse de m'immobiliser en continuant de blâmer mon passé pour mon expérience actuelle. Hier a très peu à voir avec aujourd'hui, à moins que je ne sois guidé(e) par les croyances d'hier.

Il appartient à moi seul de choisir mes pensées et mes sentiments. J'apprends à fonctionner de façon créative et positive, ce qui veut dire que j'abandonne les schémas autodestructeurs de mon passé. Je m'accorde une saine évaluation fondée sur l'amour-propre. Je ne porte pas en moi les vieilles remarques et les commentaires honteux dans mon cheminement vers le futur. Ce que je suis - c'est ce que je suis AUJOUR-D'HUI.

Le pouvoir existe en moi de changer ma vie et il en sera ainsi.

LES CHOIX

MA VIE EST FORMÉE PAR
MES CHOIX

Mes décisions sont comme des énoncés de mon identité. Mes choix reflètent le noyau de mon être. Chaque décision que je prends concrétise le concept du Moi et ma perspective du monde.

Aujourd'hui, je suis conscient(e) que mes choix ne constituent pas des événements isolés en périphérie de ma vie - **c'est** ma vie.

Prendre de bonnes décisions signifie porter attention à ce que je pense, à ce que je ressens. C'est lorsque je tiens compte de mes convictions et de mes émotions que je peux puiser dans la sagesse vitale que je possède. Aujourd'hui, je deviens conscient(e) de mes motivations, et je me rends compte des dimensions qui m'approchent ou m'éloignent de ce que je désire vraiment. Je suis guidé(e) par ma Puissance Suprême et mon éveil spirituel; aujourd'hui mes choix jaillissent de ma vigilance et de ma sensibilité envers mes attentes les plus profondes.

L'APITOIEMENT SUR SOI-MÊME

JE FAIS FACE À MES ÉMOTIONS
ET JE LES ÉPROUVE LIBREMENT

Je peux parler de mes souffrances, sans crainte d'exagérer ou d'avoir peur que les gens me prennent en pitié. Je ne renie pas mes souffrances, ni ne m'abandonne à l'apitoiement de soi. Il y a une différence bien distincte entre l'expérience de l'amertume et le désir d'en blâmer les autres.

Je ne me cramponne plus à la consternation comme excuse pour mon inactivité ni ne m'en plains aucunement - je cherche même à l'éloigner.

Parler de mes sentiments d'inconfort peut s'avérer thérapeutique. Cela demande du courage et de l'honnêteté et c'est loin d'être du sybaritisme. Lorsque je fais part à quelqu'un de ce que je ressens, j'assume la pleine responsabilité de ma nouvelle prise de conscience. Je me laisse glisser dans l'enfer lorsque je m'apitoie sur moi-même et je ne fais aucun effort pour traiter mes tourments ou je ne tente aucunement de les comprendre. Je me livre à l'apitoiement lorsque j'abandonne les responsabilités de ce que je ressens et que je cède à la passivité. Je constate que lorsque je fais face à mes émotions et que je les vis librement, je fais un pas de géant vers mon rétablissement. Aujourd'hui, je défie la douleur.

LE CONTRÔLE

AUJOURD'HUI, JE RESSENS UN SENS ÉNORME D'AUTODÉTERMINATION

J'ai un sens d'autodétermination lorsque je perçois clairement ce qui est important pour moi. J'ai plein contrôle sur ma vie lorsque je fixe les objectifs et que je me rends compte que je travaille vers leur réalisation, en m'entourant des connaissances et de l'adresse nécessaires pour arriver àmes fins.

Le sens du contrôle de ma vie provient de ma détermination, ma motivation et ma connaissance. Je sais aussi que lorsque survient une situation critique, ma force innée est mise à l'épreuve.

Je refuse de gaspiller mon temps à diriger les autres, les événements en-dehors de ma vie. Je refuse aussi de me décevoir en croyant que je suis responsable de moi-même lorsque je suis manipulé(e) par la façon dont les gens réagissent envers moi.

J'apprends des choses tous les jours sur mes forces intérieures et mon autodétermination. J'ai traversé la tempête de mon adolescence dans une famille dysfonctionnelle - j'ai appris de ces expériences et j'ai sondé les profondeurs de la connaissance du Moi.

Aujourd'hui, j'ai le contrôle absolu de ma vie en acquérant les aptitudes nécessaires à une vie saine et productive.

L'APPRÉCIATION

AUJOURD'HUI, J'AI UNE VISION NOUVELLE DE MOI-MÊME ET DU MONDE

Aujourd'hui, je perçois le monde de façon différente en modifiant mon esprit sur les choses que je veux voir. Je ne suis pas victime du monde.

Ce que je vois dans ce monde est une projection - un panorama - de ce que j'ai déjà discerné dans mon esprit. Je crée ma réalité, ce n'est plus une réception passive ni une feuille blanche où la vie s'écrit.

Je ne suis pas victime de la vie. Je ne porte plus l'étiquette de souffre-douleur, je survis. Je ne suis plus le jouet de mes pensées, de mes sentiments ou de mes attitudes. J'ai décidé d'accepter l'éveil de l'amour et de la force; mais comme cocréateur de ma réalité, je contemple le monde avec une fraîcheur toute nouvelle.

J'accepte maintenant ma nouvelle vision de Moi et du monde.

LA LIBERTÉ

JE RESSENS UNE LIBERTÉ
SANS BORNE

Rien ne me limite, et maintenant je peux exprimer la liberté. Je n'ai plus à attendre à la semaine prochaine, au mois prochain, pour me sentir libre. Je n'ai pas à attendre qu'il n'y ait plus de défis dans ma vie.

Dès aujourd'hui, je suis sans contrainte - je ressens infailliblement que la liberté naît dans mon esprit.

De riches possibilités s'ouvrent dans le panorama devant moi - m'invitant à avancer, à monter. Aujourd'hui, je regarde mes désappointements s'évaporer comme les buées avant le soleil matinal.

LE COURAGE

J'AI LE COURAGE D'ÉMMERGER DE MA VIE SECRÈTE

La règle du silence est rompue ... Il n'y a plus d'isolement.

Je n'ai plus à vivre en secret, à nier la relation entre ma présente amertume et mes expériences dans ma famille d'origine. J'abandonne les quantités d'énergie que j'ai investies dans la règle du silence.

Le mur d'isolement que j'ai érigé autour de moi se désagrège et je me rends compte que je ne suis pas seul(e). Il y a des millions de gens, comme moi, qui ont eu le courage de se faire entendre.

Je commence à vivre certaines émotions depuis longtemps enfermées en moi, au moment où je lance mon processus de guérison. J'entends être modéré(e) et patient(e) envers moi-même et ne pas précipiter mon rétablissement. Il ne m'appartient pas d'épargner ma famille et de les forcer à reconnaître le problème.

Le silence est brisé - un nouveau commencement s'offre à moi parce que j'affirme mon courage.

LA JOIE

AUJOURD'HUI JE ME SENS LIBRE DU STRESS ET JE CONNAIS LA JOIE DE VIVRE

Aujourd'hui, je me réfugie dans l'oasis de quiétude en mon for intérieur et je ressens l'omniprésence du renouveau, de la force et la fraîcheur. Je ne sens aucune tension, aucun stress. Mon calme est inné, je suis rétabli(e) et je bénéficie d'une joyeuse existence.

La contrainte et la tension sont l'oeuvre de l'être humain, mais il n'est pas nécessaire qu'elles appartiennent à mon monde.

Aujourd'hui, je suis calme et à l'aise en présence des autres. Je reconnais la force silencieuse de ma Puissance Suprême et je permets à la joie de la sérénité de m'étreindre.

FIXER SON CHOIX

JE SUIS UN NAVIGATEUR CHEVRONNÉ -JE TRACE MA ROUTE, JE RÈGLE MES VOILES, JE TOUCHE MES OBJECTIFS

Un bateau à voile en haute mer est à la merci des vagues, des courants, du vent et de la température. La mer peut être agitée, les flots déchaînés, la brise longue et impitoyable, et la température imprévisible. Pourtant, un expert-marin peut tracer sa route, établir ses voiles, de sorte que l'embarcation arrive à bon port.

En tant qu'enfant issu d'une famille dysfonctionnelle, je connais bien les «vents» de la vie et l'humeur variable de la température. J'ai consacré mes énergies à tenter de naviguer à contre-courant, à combattre les vagues jusqu'au point d'épuisement et de découragement. C'est en me rétablissant que je suis devenu(e) un habile navigateur. Plutôt que d'être terrassé(e) par les événements, je peux, moi aussi, ajuster mes voiles afin de rejoindre ma destination.

Mes choix judicieux me dictent comment orienter ma vie et lorsque je les refuse, je change de cap et je suis englouti par les circonstances de la vie. Oui, je suis faible devant les éléments, mais non impuissant(e).

Je profite du moment présent pour apprécier les possibilités que Dieu m'a offertes afin que je puisse mener ma vie de façon désirable. Quels que soient les défis, mes choix peuvent me mener dans un meilleur endroit.

LA CLÉMENCE

JE ME PARDONNE ET JE PARDONNE À CEUX QUI M'ONT FAIT MAL

Je peux pardonner, passer l'éponge.

Je ne peux oublier le passé de la famille où j'ai été élevé(e). Mais je **peux** apprendre de mes expériences et ne pas les répéter si je le désire.

Aujourd'hui, je sais que ce n'est que par le pardon que je peux libérer ma culpabilité et mes craintes. Mon pardon personnel naîtra de mon pardon envers les autres.

Aujourd'hui, je choisis d'abandonner le ressentiment. Je ne laisse plus ces émotions suppurer mes entrailles.

Aujourd'hui, je vis une nouvelle liberté au moment où je me pardonne à moi et à ceux qui m'ont fait mal.

L'AMOUR

AUJOURD'HUI, JE DÉGAGE UN ESPRIT D'AMOUR, DE JOIE ET DE BONHEUR

Je dégage un esprit d'amour, de joie et de bonheur. Dégager l'amour, c'est devenir un puissant aimant qui attire le bonheur; qui surmonte la solitude. Tout au cours de cette journée, je me répète que je suis un pôle qui dégage l'Amour Divin. Cette découverte fait la différence en ce jour; elle fait la différence par rapport à la façon dont les autres me voient et la façon dont je me perçois.

Aujourd'hui, je suis centré(e), relié(e) à l'amour et j'attire la bonté, de façon délicieuse.

LA PATIENCE

J'AI DÉCOUVERT LA PATIENCE MAINTENANT ET JE SAIS QUE LES BONNES CHOSES SE MANIFESTERONT DANS MA VIE

Aujourd'hui, je donne libre cours à mes attentes en sachant que tout doit s'améliorer à ce moment même. Les bonnes choses commencent à s'annoncer dans ma vie. Une relation saine et entière est possible mais elle demande du temps. L'édification d'une telle richesse demande de la patience.

Tout comme les plantes doivent être cultivées, il en est de même dans nos relations avec les autres, et j'ai confiance qu'avec les soins que je leur accorde, elles s'épanouiront.

Aujourd'hui, je ressens un optimisme discret et j'ai confiance que les bonnes choses se manifesteront dans ma vie. Je suis patient(e) envers moi-même et envers les autres dans mon cheminement vers la pleine réalisation de moi-même.

LA CRÉATIVITÉ

JE ME RÉJOUIS DE MES TALENTS ET DE MA CRÉATIVITÉ

Je suis plein(e) de dons à partager, de présents qui n'appartiennent qu'à moi. J'ai des talents et de la créativité et j'éprouve beaucoup de bonheur à réaliser mon potentiel.

Ni mes talents ni ma créativité ne me créent de limite. En vivant ma créativité, j'ai beaucoup à offrir, beaucoup à donner. Ainsi, je découvre une nouvelle joie dans mon épanouissement.

Au fur et à mesure que j'atteins de nouveaux sommets de rétablissement, je vois que tous les gens autour de moi acceptent et apprécient mes talents uniques. Mes amis et mes collègues m'apprécient durant ma métamorphose.

Aujourd'hui, je reconnais qu'en vivant ma créativité, je trouve la satisfaction que mon âme désire.

LA PUISSANCE SUPRÊME

J'AI CONFIANCE QUE MA PUISSANCE SUPRÊME RAJUSTE «L'IMAGE FLOUE» DANS MA VIE

«Un moment s'il vous plaît ...
N'ajustez pas votre appareil!»

Aujourd'hui, je comprends que je ne peux réparer certaines choses par ma volonté ou par un effort sincère. Dans mon processus de guérison, j'ai compris qu'il y a des situations plaisantes ou déplaisantes dans la vie pour lesquelles je n'ai aucune solution. J'éprouve beaucoup de plaisir et de confort à savoir que si j'abandonne la situation, elle s'ajustera par des pouvoirs autres que les miens.

Dans ma famille d'origine, je ressentais le besoin de résoudre les problèmes qui se manifestaient avec mon entourage. Je croyais qu'il m'appartenait de régler ces problèmes le plus rapidement possible.

Maintenant, je me rends compte qu'il y a des fois où je ne peux ajuster «l'écran enneigé», et j'attends de bon gré que l'«image» revienne.

Aujourd'hui, j'affirme le droit d'être «en attente» et de laisser une Puissance Suprême faire la mise au point.

L'ABANDON

AUJOURD'HUI, JE DIS AU REVOIR AU PASSÉ

Je profite de ce jour pour me libérer de l'esclavage des schémas malsains que j'ai connus. J'abandonne le passé, en sachant que ces événements et ces expériences ont eu une certaine utilité, même dans les moments les plus difficiles.

J'habite le présent, bien que je ne puisse aucunement m'échapper du passé, mais je refuse de le traîner avec moi, sur ma route du rétablissement. Je ne laisse aucune vieille habitude ou émotion du passé ternir ma journée.

Aujourd'hui, je ne me réfugie plus dans les hiers. Je me libère afin d'envisager cette journée avec une attitude positive et des pensées constructives.

Le passé est fini, le «maintenant» est nouveau, frais et sans limite. Je l'accueille avec joie.

LES LIMITES

J'AFFIRME MON DROIT
DE PRENDRE DES DÉCISIONS

J'apprends à établir mes limites. Je me vois comme valable et je me traite bien. Mes objectifs sont réalistes et appropriés.

Je ne me fatigue plus à chercher l'approbation. J'établis sans délai mes frontières. Il est important que je m'occupe de mes sentiments et que j'apprenne à dire «non!»

Je dois être responsable et précis(e) sur ce que je tolère ou ne tolère pas. J'ai entièrement le droit d'exister, de ressentir ce que je ressens et de m'occuper de moi-même en établissant des limites qui me conviennent.

Aujourd'hui, j'affirme mon droit de décider ce que je ferai et ce que je ne ferai pas.

LA GUÉRISON

AUJOURD'HUI, JE RESPECTE MES PROPRES MÉTHODES DE GUÉRISON

Le rétablissement demande du temps. Je serai donc patient avec ma guérison.

Je ne me priverai pas du temps nécessaire à apaiser ma peine et, sachant que la seule façon dont je puisse y parvenir, c'est la patience.

Prétendre que je n'ai jamais vécu une situation désespérée serait à l'encontre de mon rétablissement. Je refuse de participer à une telle malhonnêteté émotive. Je suis persuadé(e) que je possède en moi la force nécessaire pour traverser ma peine. Je suis à l'écoute de mes émotions.

Aujourd'hui, je me confie à Dieu, avec la certitude que je suis en bonne voie de guérison.

LES RÊVES

AUJOURD'HUI, J'AI LE COURAGE DE MAINTENIR MES RÊVES

Il est important pour moi de maintenir mes rêves. Si l'un s'envole, je sais que je dois chercher dans mon for intérieur la lueur d'un autre.

J'ai déjà éprouvé un sentiment de trahison par des rêves qui n'ont eu aucune chance, par des relations qui se sont rompues et par des parents qui m'ont désappointé(e). Même les rêves ratés ont joué un rôle important dans ma vie, et je nourris la flamme qui maintient mes rêves.

Chaque parcelle de belle réalité a déjà été un rêve qui s'est réalisé par l'amour. Aujourd'hui, j'affirme mon courage de rêver encore.

LA VÉRITÉ

LORSQUE JE M'EXPRIME AVEC FRANCHISE, JE SUIS PUISSANT(E)

Lorsque je m'exprime avec vérité, je suis puissant(e). Tout comme ma recherche de la vérité, la vérité se manifeste par mes paroles.

Aujourd'hui, comme adulte, je me rends compte que les vieux schémas de comportement mensonger ne me sont plus utiles. Je n'ai pas besoin du bouclier de mensonges d'un enfant pour me protéger. Je suis profondément engagé(e) àdire la vérité. Je le fais par pure bonté d'âme et compassion envers moi-même.

L'Esprit Divin en moi est pur - il n'y a aucune honte. Lorsque je vis, parle et ressens les effets de la vérité, je reflète la pureté et la liberté et je fais corps avec l'univers.

Aujourd'hui, je dis la vérité et je suis la Vérité.

L'ACCEPTATION

JE SUIS CONSCIENT(E) DE MON AUTO-ACCEPTATION TOTALE

Chaque jour me fournit l'occasion d'exprimer la perfection qui est en moi. En tenant compte de cette réalisation, je bénis chaque personne que je rencontre.

Je me libère maintenant de mes vieilles images négatives et je refuse de leur accorder de la puissance. Elles sont écrasantes et n'ont aucune place dans ma vie.

Aujourd'hui, je remplace ces vieilles images en acceptant parfaitement tout ce que je suis.

L'HARMONIE

J'AI LA CONSCIENCE EN PAIX

En ce moment, je calme mes pensées turbulentes et je laisse la paix combler ma conscience. Je sais que la puissance réside dans un esprit en paix. Je n'ai pas besoin de dépendre des gens ou des choses pour être calme. Toute la paix que je puisse souhaiter existe en moi.

Cela ne m'apporte rien de me laisser brancher à l'anxiété et à la crainte. Je reconnais ces émotions et je les laisse passer. À leur place, je permets à l'harmonie et à l'équilibre de remplir ma conscience.

Lorsque mon esprit est en paix, je pense précisément et correctement. Lorsque mon esprit est en paix, l'ordre est rétabli et une vision globale de bienveillance existe.

Aujourd'hui, je sens ma force et ma puissance inonder ma conscience. Je suis centré(e) sur l'harmonie et j'apporte la paix dans toutes mes relations.

LES DÉBUTS

JE RECOMMENCE À NEUF

Aujourd'hui, c'est peut-être le moment décisif, le commencement d'une nouvelle vie ensoleillée. Il n'est jamais trop tard pour recommencer. Je ferai tous les efforts nécessaires pour régler adéquatement les choses dans ma vie.

Il m'est encore possible de demander certaines choses, de pardonner et d'abandonner. Je souris devant les possibilités qui s'offrent à moi.

Aujourd'hui, je répands mes pensées et mes sentiments, au moment où j'expérimente de nouveaux comportements, de nouvelles façons de m'exprimer. Je prends les risques avec confiance, en sachant qu'il n'est pas nécessaire de tout changer du jour au lendemain. Il n'est pas trop tard pour me défaire de tous mes fardeaux et pour entreprendre cette journée avec un esprit nouveau.

LE CONTRÔLE

AUJOURD'HUI, JE PRENDS LE CONTRÔLE DE MES AFFAIRES

Je pense que je peux contrôler mes pensées et mes sentiments. Je n'ai pas à réagir aujourd'hui avec les mêmes émotions que j'avais comme enfant grandissant dans une famille dysfonctionnelle.

Lorsque des pensées négatives ou des comportements défaitistes commencent à me dominer ou àm'affliger d'un sens d'infériorité, je sais que j'ai besoin d'affirmer mon contrôle. J'ai besoin de changer ma perception des choses.

J'ouvre mon esprit à ma Puissance Suprême, sachant que je ne suis pas lié(e) par une pensée ou une condition négative. J'ai la sagesse et la force de dire «Non!» aux pensées indésirables.

Je **peux** prendre le contrôle de ma vie. Je peux être libre et connaître le bonheur comme Dieu le veut.

LA CONFIANCE

JE FAIS CONFIANCE À MA PUISSANCE SUPRÊME POUR QU'ELLE M'APPORTE LE PLEIN ACCOMPLISSEMENT DU BIEN

Aujourd'hui, je relâche l'emprise sur mes pensées et mes attitudes. Je me calme, en sachant qu'aucun désastre ne se manifestera si je relâche ma vigilance. Je me soumets au Plan Divin que Dieu a prévu pour moi.

Parfois, il peut m'être difficile de savoir comment régler une situation particulière, mais la bonne réponse me vient toujours lorsque je reconnais que ma Puissance Suprême est à l'oeuvre.

Aujourd'hui, je largue mes craintes, mes doutes et ma sensation d'insécurité. Je les abandonne en sachant pleinement que la bonté de Dieu s'ouvre à moi selon un ordre divin et une opportunité divine.

LES PARENTS

JE JOUE MON RÔLE DE PARENT AVEC AMOUR ET FERMETÉ

Aujourd'hui, j'affirme mon rôle de parent de façon à promouvoir l'amour-propre. J'ai appris des expériences de ma jeunesse et il n'est pas nécessaire que je répète les schémas de ma famille d'origine. Mes enfants reçoivent mon amour d'une façon saine. Je transmets des messages clairs à mes enfants qui leur prouvent qu'ils sont importants et je les guide dans leurs comportements. Je rejette tout message qui pourrait les mener à l'échec.

Aujourd'hui, j'honore mes enfants en leur prouvant que je les aime assez pour leur imposer des limites. Je peux discipliner avec respect et amour. Si j'ai besoin d'aide dans mon rôle de parent, je ne me placerai pas sur la défensive ni ne m'entourerai de déni. Si je cherche de l'assistance, je l'obtiendrai. Si je dois améliorer ma façon d'être un parent, je le ferai.

Aujourd'hui, je prouve mes talents de parent. J'apprécie mes réalisations et j'accepte mes erreurs.

LA CONSCIENCE

AUJOURD'HUI, JE SUIS EN ÉVEIL - IL FAIT BON VIVRE

J'ouvre mes yeux aux divers tons de vert dans la nature. J'écoute et j'entends le plus petit silence et une gamme infinie de sons familiers dans la voix des étrangers. Je porte attention aux nuances de goût et d'odorat. Je ferme les yeux, je touche à l'écorce d'un arbre et je la laisse m'inculquer le sens de la texture.

Jamais plus je n'avancerai dans la vie en somnambule. Il y a eu des moments où je ne me rendais pas compte de mon conditionnement destructif. Je fonctionnais comme un robot et la vie même semblait terne et mécanique. Mais maintenant, je me libère de mes vieux schémas, de mes conditions surannées.

Au cours de mon rétablissement, je vis au présent, dans la dimension de maintenant. Toute la création se produit au présent - tout se produit à l'instant même. De façon consciente et avertie, je suis en accord avec la complexité organique de la vie.

Aujourd'hui, je ressens une stimulation totale - je profite de la vie et je suis au courant des choses. Je profite de l'occasion d'être pleinement conscient(e). J'accueille l'occasion d'expérimenter la vie à son maximum.

LA SOLITUDE

JE PRATIQUE LA SOLITUDE
AVEC CALME ET PAIX

Je n'ai aucune crainte de la solitude aujourd'hui. J'accueille cette vieille amie, avec chaleur et sourire. Devant la solitude, je m'accorde un répit, une période de tranquillité et de paix, un moment de communion profonde avec ma Puissance Suprême.

Au moment où je grandissais dans une famille dysfonctionnelle, je craignais la solitude. Je redoutais l'isolement et l'abandon. Il m'est arrivé quelquefois, comme adulte, de maintenir une mauvaise relation plutôt que de sombrer dans l'ennui et l'abandon.

Aujourd'hui, je peux être seul(e) sans me sentir seul(e). Je n'évite personne; je réserve des moments pour les autres - beaucoup d'autres dans ma vie, qui se soucient de moi et qui m'appuient dans mon rétablissement. J'ai besoin de quelques moments de méditation, où je peux vivre la sérénité, la contemplation et être disponible à la sagesse.

Aujourd'hui, je m'accorde un moment de répit, je suis calme et je relaxe dans le calme de ma solitude.

L'AFFECTION

AUJOURD'HUI, JE PEUX
OBTENIR DE LA SAINE AFFECTION

Aujourd'hui, je peux donner libre cours à mes relations avec les autres et obtenir la chaleur et l'affection dont j'ai besoin. Je suis une personne entière, que je vive ou non une relation. Dans mon désir d'affection, je ne suis ni avide, ni insatiable.

L'affection ne veut pas dire le salut. Je ne crois pas que l'affection ou l'amour d'une autre personne puisse résoudre tous mes problèmes.

Je refuse de faire des combines en échange de sollicitude. Je désire des relations où il n'est pas nécessaire que j'abandonne mes pouvoirs pour combler mes besoins. Je n'**achèterai** jamais l'affection, à aucun prix - mon âme, mon corps ou mon identité ne sont pas à vendre.

Aujourd'hui, je suis parfaitement convaincu(e) que je peux maintenir mon sens du Moi tout en obtenant l'attachement dont j'ai besoin et que je mérite.

L'AMITIÉ

JE SUIS MON PROPRE AMI

Aujourd'hui, je me range de mon côté. Je m'offre l'amitié et je me joins à ma propre équipe, ce qui signifie que je ne canaliserai pas mon énergie à juger, à critiquer ou à m'abaisser de quelque façon que ce soit. Il m'appartient d'enseigner aux autres la façon de me traiter selon la façon dont je me traite moi-même.

Lorsque je traduis ces paroles en actions, je n'ai plus à souligner constamment mes fautes àmoi-même ou à mon entourage. Lorsque je pense à moi, cela signifie que je ne crée pas mon anxiété en me transmettant des messages négatifs. Je ne veux pas être mon propre ennemi.

Aujourd'hui, j'affirme que je serai toujours **avec** moi et **pour** moi.

LE SYNDROME D'ASSISTANCE

JE RÉSISTE À L'IMPULSION DE DEVENIR UNE «BONNE» ASSISTANCE

Je ne suis pas obligé(e) de prendre soin des gens en pensant pour eux.

L'intimité ne consiste pas à aider les gens à bien faire, mais plutôt à prêter son appui et à être de leur côté. Aujourd'hui, je résiste à la tentation de faire un peu de «morale» à ceux que j'aime.

Il n'est pas nécessaire que je sois une fontaine de bon sens, de conseils et de sagesse infinie. L'intimité signifie tout simplement que je peux **être** avec quelqu'un. Il n'est pas nécessaire que je m'occupe des gens en pensant à eux, ou en ayant des sentiments pour eux.

L'intimité fleurit lorsque j'accorde aux autres la dignité de prendre leurs propres décisions et d'accepter leurs conséquences.

LES ATTENTES

JE RÉVISE LES ATTENTES IRRÉALISTES DES GENS

Aujourd'hui, je révise les attentes irréalistes des autres. Aujourd'hui, j'abandonne mes craintes que faire confiance aux autres ne peut que m'apporter de la souffrance.

Si, par le passé, j'ai été blessé(e) par les autres, je sais que ce n'était pas prémédité ou intentionnel. Je suis assez réaliste pour savoir que même si quelqu'un m'aime, cette personne est humaine et imparfaite. Dans mon rétablissement, j'accepte les imperfections humaines.

Il n'est pas nécessaire que les blessures que j'éprouve comme adulte aient la même signification dévastatrice que par le passé.

Aujourd'hui, je choisis l'intimité avec les autres **en dépit** des heurts et des désappointements dans ma vie. J'examine mes attentes et je reconnais le fait que les gens, après tout, ne sont que des humains.

L'ACCEPTATION DE SOI

AUJOURD'HUI, TOUT CE QUE JE SUIS EST BEAU ET JE LE CÉLÈBRE

Aujourd'hui, je reconnais mes plus belles qualités. Je découvre ma chaleur, ma force et ma beauté.

J'ai besoin de me gâter et de m'accorder tous les soins de la même façon que le ferais pour toute chose vivante que j'aime. Certains d'entre nous traitent mieux leurs petits animaux que nous nous traitons nous-mêmes.

Aujourd'hui, je m'accorde beaucoup d'attention et je me récompense puisque je sais qu'à chaque jour, je m'apprécie un peu plus.

Aujourd'hui, je me traite comme je traiterais un bon ami que j'aime beaucoup.

LA PERFECTION

J'AI ATTEINT LE PLUS HAUT DEGRÉ DE PERFECTION POSSIBLE EN CE MOMENT

Aujourd'hui, j'atteindrai le summum de la perfection du moment. J'ai choisi cette dimension dans mon travail, dans mes relations et même dans mes moments de loisir. Je n'oublie pas que je fais partie de l'humanité, que je suis donc faillible, et que lorsque je commets une faute je peux m'en remettre et continuer.

Aujourd'hui, je reconnais mes efforts pour en arriver à la perfection en faisant tout ce que je peux. Je me trompe et j'apprends de mes erreurs. La vie n'est pas un test où on est constamment évalué au niveau de la performance.

Aujourd'hui, ma tâche est de viser la perfection dans tout ce que j'entreprends. Parfois, je connaîtrai le succès et l'échec et j'apprendrai de chacune de ces expériences.

LE CHANGEMENT

JE CROIS QUE LE CHANGEMENT EST POSSIBLE POUR MOI

Aujourd'hui, j'ai le courage d'espérer et de m'engager dans de petits changements de mon comportement, mes sentiments et mes croyances. J'accepte tout changement comme élément nécessaire dans ma vie. J'accueille le changement comme un élément nécessaire au rétablissement.

Je constate que le succès est formé de petites modifications. J'envisage cette phase comme une perle de valeur qui s'ajoute à un fil de perles.

Aujourd'hui, je prends le temps de planifier certains changements. Je commence par les secteurs de ma vie où ils sont plus nécessaires et je suis les étapes afin de les mettre en marche. Je chasse les attentes irréalistes en m'accordant beaucoup de patience et de persévérance. Tout au long de ma métamorphose, j'accepte les succès et les échecs comme des éléments essentiels au processus.

ICI ET MAINTENANT

J'ABANDONNE HIER, JE ME CONCENTRE SUR LA NOUVELLE VISION D'AUJOURD'HUI

Je me détache d'hier. Mes anciennes croyances ne font plus partie de ma vie. Les émotions que je ressentais jadis servaient un but, mais elles entrent maintenant en conflit avec mon rétablissement. Mes rêves d'enfant, grandissant dans une famille dysfonctionnelle, rendaient ma vie plus acceptable, mais je fais de nouveaux rêves maintenant et j'ai d'autres visions qui sont cramponnées à la réalité.

Je suis de plus en plus conscient(e) d'un plus grand bien. Je m'empêche de regarder en arrière avec colère, crainte et culpabilité. Ce qui est passé est passé et je n'en parle plus.

J'oublie hier et je me tourne vers une nouvelle vision. Mes rêves d'aujourd'hui sont fondés sur une attente équilibrée et je vois aujourd'hui avec une liberté et une joie sans borne.

LA JOIE

LES RIRES ET LES SOURIRES
SE MANIFESTENT FACILEMENT
AUJOURD'HUI

Je me rends compte qu'à chaque jour je suis plus heureux(euse) dans mon rétablissement. Je peux rire et exprimer ma joie. Il est agréable d'observer ce que Dieu a fait et je m'en réjouis. Avec le bonheur dans mon coeur et dans mon âme, j'accueille cette journée.

En tant qu'enfant issu d'une famille dysfonctionnelle, j'ai appris tout ce que je devais apprendre de la misère. Je me concentre maintenant sur la créativité et sur le rire avec la certitude que la vie est merveilleuse. Je comprends maintenant ce que j'accepte, ce que je deviens.

Aujourd'hui, j'accepte mentalement et émotivement la présence du bonheur dans ma vie. Je parle et je pense en ces termes dans ma vie.

Aujourd'hui, je ris avec facilité de façon spontanée et sans timidité.

JOURNÉE DE RÉTABLISSEMENT

AUJOURD'HUI, JE RÉAFFIRME
MON ENGAGEMENT ENVERS
MON RÉTABLISSEMENT

Aujourd'hui, je m'engage dans mon projet le plus important - mon rétablissement. Ce merveilleux processus d'extériorisation de mon potentiel mérite ma dévotion, mon temps et mon énergie.

J'accorde mon attention tout entière à mon entreprise de rétablissement. Mes sens sont précis et mon amour-propre est rehaussé au moment où j'honore la personne que je suis. Rien ne peut m'empêcher de me découvrir. Mes craintes se dissipent et je contemple avec amour et honnêteté mon présent, mon passé et moi-même.

Aujourd'hui, je suis revigoré(e) dans cette exploration de moi-même qu'on appelle le rétablissement. Et si je trouve l'expérience pénible, je sais que mes efforts m'apporteront une vision satisfaisante de moi-même.

LES RELATIONS

MON BONHEUR JAILLIT DE MOI-MÊME ET JE LE PARTAGE AVEC LES AUTRES

Dès que j'entre dans une relation avec l'idée qu'une autre personne puisse m'apporter le bonheur et le contentement, je sais que déjà cette relation est vouée à l'échec. Lorsque j'aperçois ainsi une relation, je m'inquiète de ce que je peux ou ne peux pas recevoir en retour.

Aujourd'hui, je rejette l'idée que quelqu'un soit obligé de vivre selon mon idéal. Je n'ai aucun droit d'imposer ma performance à une autre personne.

Aujourd'hui, je commence à retirer aux autres la responsabilité de m'apporter le bien-être. De cette façon, je peux créer une relation intime, fondée sur l'intérêt mutuel et non sur les besoins. En ce jour, je reconnais que je suis une personne complète, enrichie.

Je mérite une relation, non pas pour qu'elle m'apporte le bonheur, mais pour partager les richesses de la personne que je suis, en totalité avec une autre personne.

LES SAISONS

VOICI MES SAISONS DE CROISSANCE, DE DÉVELOPPEMENT ET DE RÉALISATION DE MOI-MÊME

Comme toute chose est vivante, j'ai mes propres rythmes, mes marées, mes courants, mes saisons de croissance et de transformation. Dans mon rétablissement, je traverse des phases où ma croissance peut faire des pas de géant dans ma croissance, pour autant que les conditions soient bonnes.

Je m'épanouis par l'exploration et je suis constamment à la recherche d'une variété de stimulations. Bon nombre d'entre nous n'étions pas entourés de la protection adéquate pour explorer, expérimenter, au moment où nous commencions à marcher. Puisque nos familles d'origine n'étaient pas centrés sur l'enfant, nous avons grandi trop rapidement, trop tôt. Notre besoin d'explorer et de découvrir le monde ne se dissipe jamais. Notre impossibilité de découvrir de nouveaux horizons, lorsque nous étions enfants, a produit chez nous certains symptômes comme le manque de motivation, ou la fatigue, ou certaines réactions de stress.

Aujourd'hui, je m'accorde le temps d'explorer mon lieu de travail ou ma famille d'origine, par le toucher, par la vue, le son et même par le goût. Je m'accorde la possibilité de continuer mon développement et combler ce qui m'a manqué dans ma famille d'origine.

LA RESPONSABILITÉ

J'ACCEPTE AVEC AMOUR LA RESPONSABILITÉ DANS MA VIE

Aujourd'hui, j'affirme ma puissance de créer l'existence que j'ai choisie et j'accepte avec amour la responsabilité de mes choix. Je n'accuse personne des problèmes de mon passé.

Je me rends compte que la vie m'appartient et que j'ai le pouvoir de choisir ce que je veux, ce que je veux faire et de le faire bien. Nul ne peut contrôler ma vie, sauf moi.

Cette vie n'est pas une répétition. Aujourd'hui, j'ai cette chance de la faire fonctionner, d'engager mes énergies dans mon rétablissement et dans l'accroissement de mon potentiel.

Aujourd'hui, je prends le temps d'envisager ce que je veux pour moi-même. J'accepte avec affection la responsabilité de ma vie.

L'ABANDON

AUJOURD'HUI, J'AI
L'ASSURANCE DE LA SÉRÉNITÉ

Je me range aujourd'hui et je cède la place à ma Puissance Suprême. Je permets à la puissance harmonieuse de Dieu de résoudre et d'ajuster tout ce qui me concerne.

La Prière de Sérénité demande que j'obtienne la sagesse de savoir ce que je peux changer et ce que je ne peux pas. Aujourd'hui, je reconnais les points à résoudre par ma Puissance Suprême. Je cesse d'épuiser mes énergies en me concentrant sur des événements et des circonstances qui sont hors de mon contrôle.

Aujourd'hui, je me tourne vers ma Source et je ressens l'harmonie qui y existe lorsque je me soumets.

LES SENTIMENTS

J'ACCEPTE TOUTES MES ÉMOTIONS ET MES EXPRESSIONS NATURELLES

Les sentiments font partie de ma nature. Parfois, mes sentiments sont merveilleux - parfois, mes émotions sont douloureuses. Quelles qu'elles soient, toutes mes sensations sont vitales et essentielles dans l'expression du Moi.

Comme une tapisserie, je suis une expression artistique de Dieu. Les brins de couleur qui constituent cette oeuvre sont mes émotions. Aujourd'hui, je me tiens à l'écart et j'admire le chef-d'oeuvre avec ses couleurs contrastantes et je l'accepte complètement sans critique.

Aujourd'hui, j'apprécie que mes émotions ajoutent de la couleur et de la profondeur à ma vie.

L'IMAGINATION

JE PEUX ÊTRE ADULTE TOUT
EN DEMEURANT MAGIQUE

Aujourd'hui, je fais trois souhaits pour moi-même et pour nul autre. J'ose même demander des choses que je n'ai jamais cru possibles.

J'ai eu peur par le passé de penser à la magie des réalisations. Trop souvent, dans ma famille d'origine, mes rêves ne se réalisaient pas. J'ai cessé de souhaiter, j'ai tourné le dos à la prière et j'ai cessé de rêver.

Je ne crains plus de penser à la magie des choses, parce que j'ai le pouvoir de réaliser n'importe quel de mes souhaits.

Un jour à la fois, je m'habitue à penser à mes désirs. Comme adulte, je suis libre de décider ce que je désire.

MON ÊTRE INTÉRIEUR

AUJOURD'HUI, LE RIDEAU TOMBE SUR MON AUDITOIRE INVISIBLE

Il n'est pas trop tard pour tenter l'expérience de la joie, de la spontanéité et même de l'excès. Pour ce faire, je dois isoler l'auditoire critique autour de moi. Il représente les voix du passé qui n'hésitent jamais à me rappeler que j'ai bousillé un travail, que j'ai sombré dans le ridicule et dans l'odieux.

Aujourd'hui, je m'éloigne des performances. Je n'ai plus besoin de gaspiller mon énergie de cette façon.

Aujourd'hui, je ris, je chante, je joue et je danse - qu'importe ce que les voix de ma mère et de mon père me disent. Je me donne le droit d'abaisser le rideau.

MES BESOINS

JE ME FAIS CONFIANCE POUR CE QUI EST DE CONNAÎTRE MES BESOINS

J'ai pleinement confiance dans mes possibilités de déterminer mes propres besoins. Mon rôle est de m'exprimer pleinement. Aujourd'hui, je caresse toute nouvelle occasion d'être ce que je suis. Je n'ai pas honte de mes besoins.

Je suis une personne unique et spéciale et mes attentes sont une extension positive de ma personne. Il y a ceux qui croient savoir ce qui est bon pour moi; d'autres qui me dictent mes besoins et je les en remercie, mais je préfère écouter ma voix intérieure. **Je** détermine mes choix et mes nécessités vitales ainsi que la direction de mon rétablissement.

Aujourd'hui, je suis disposé(e) à faire une pause et à m'écouter. Aujourd'hui, je passe aux décisions judicieuses, je fais confiance à ma voix intérieure et je comble mes besoins.

MON PROPRE RYTHME

AUJOURD'HUI, JE PEUX PRENDRE MON TEMPS

Je relaxe. Je ne me sens pas pressé(e), je me déplace à mon propre rythme et j'accomplis des choses en prenant mon temps. Rien ne presse.

Souvent au sein de ma famille dépendante de produits chimiques, il fallait que je me précipite pour satisfaire mes besoins. Je devais me dépêcher à grandir. Aujourd'hui, je décide sagement de ralentir le pas et de découvrir mon propre rythme.

À ma façon, je m'épanouis et je grandis àtous les jours. Nul ne peut me dicter le mouvement de ma croissance.

En ce moment, je règle moi-même mon horloge de développement, en parfaite harmonie avec ma croissance. Aujourd'hui, de façon relaxée, je porte attention à mon horloge interne. Je me respecte assez pour ralentir et reconnaître qui je suis et apprécier le monde merveilleux dans lequel je vis.

LES LOISIRS

JE PEUX APPRÉCIER LES LOISIRS SANS CULPABILITÉ, SANS ANXIÉTÉ

Aujourd'hui, je me vois paître dans les prés de la vie. Tout comme un cheval s'éloigne lentement de la barrière, court dans les champs et se nourrit librement, je n'ai pas besoin d'un plan pour relaxer. Je peux tout simplement admirer la nature qui s'épanouit.

J'abandonne la croyance que toutes mes activités doivent être orientées vers un but. Il n'est pas nécessaire d'avoir honte parce que je ne prends pas le temps de relaxer de la «bonne» manière.

Aujourd'hui, je m'accorde la chance d'expérimenter diverses façons de relaxer. Je me permets de décider des choses que **je** veux faire -même si cela veut dire ne rien faire!

L'AIDE

JE SENS QUE J'AI LA FORCE DE DEMANDER L'AIDE DONT J'AI BESOIN

Je peux demander de l'aide afin de résoudre mes problèmes. Il est important pour moi d'affirmer ce que je veux et ce que je ressens. Laisser les autres deviner ce qui me manque m'expose tout simplement à la peine.

Je suis capable de traiter un bon nombre de projets, mais je me rends compte qu'il est important de demander de l'aide, au besoin.

Je suis une personne puissante. Je reconnais aussi que je ne suis pas une personne supérieure. Au fur et à mesure que j'acquiers de la maturité, j'ai la force de demander de l'aide avant que mes problèmes ne deviennent accablants. Il n'est pas nécessaire que je tente de les régler par moi-même.

LE RESPECT DE SOI-MÊME

JE ME RESPECTE TOUT COMME JE RESPECTE LES AUTRES

Un jour à la fois, j'ai plus de respect pour moi-même et pour autrui.

Graduellement, je me libère de ce besoin de performance. Il n'est pas nécessaire que j'aie recours à l'astuce ou aux trucs afin de réaliser mes besoins. Mes récompenses proviennent non seulement de ce que je fais, mais de ce que je suis.

Tous les gens ont des besoins et, aujourd'hui, je m'ouvre à la reconnaissance des miens. De ce fait, j'accorde aux autres personnes la dignité de reconnaître les leurs.

LA SANTÉ MENTALE

JE CHOISIS CONSCIEMMENT DES PENSÉES SAINES ET DES ÉMOTIONS ÉQUILIBRÉES

Je refuse d'être déprimé(e) par des croyances négatives provenant de ma famille d'origine. Je refuse de gêner mon raisonnement en me concentrant sur des croyances qui limitent mon expérience.

Aujourd'hui, je reconnais que j'ai des émotions - mais que je ne suis pas mes émotions. Cela signifie que mes émotions et mes pensées peuvent suivre les flots de ma conscience sans être balayées par la marée. Aujourd'hui, je choisis les croyances qui me sont saines.

Je consacre quelques moments à apaiser mes pensées. Je découvre un îlot de quiétude et je me concentre sur ma respiration. Je ne choisis que les pensées et les émotions saines et je laisse le reste aller à la dérive.

Aujourd'hui, j'accueille mes sentiments comme de bons vieux amis qui me visitent pendant quelques temps et me quittent.

LA PATIENCE

JE M'ENTOURE DE BEAUCOUP DE PATIENCE DANS MON RÉTABLISSEMENT

Il est bien de ressentir ce que je ressens en ce moment. Il n'est pas nécessaire d'être en parfaite condition tous les jours.

Bien souvent, au cours de mon rétablissement, je me suis demandé pourquoi je ne me sentais pas bien immédiatement. Lorsque je règle mes affaires, il me semble que tout devrait tomber en place.

Je comprends qu'il n'existe aucun recours, aucune façon de réparer un être humain et le changement d'émotions fait partie du processus de la vie normale.

Aujourd'hui, je possède la patience et la sagesse de partir d'où je suis et d'avancer. Je m'apprécie et j'apprécie mes émotions.

LA COLÈRE

JE PEUX EXPRIMER OUVERTEMENT MA COLÈRE ET DE FAÇON APPROPRIÉE

Je n'ai pas peur de ma colère. Apprendre à me fâcher constitue une clé importante du développement qui m'aide à me séparer de ma famille. Dans ma famille d'origine, on ne tolérait pas la colère et j'avais honte d'afficher des émotions saines.

Aujourd'hui, je sais que ma colère est une façon de m'entourer de limites. Maintenant, j'accepte ma colère comme véhicule important d'expression. Je peux prendre des décisions pour exprimer honnêtement ma colère, ouvertement et de façon appropriée.

Parfois, lorsque je m'accroche à la colère, elle déborde, je m'emporte et j'ai peur de m'exprimer.

J'ai le droit d'exprimer ma colère lorsque je la ressens.

LES BESOINS

JE M'OCCUPE DE MES
BESOINS PERSONNELS

Aujourd'hui, je m'occupe de mes besoins et je fais de ce jour une période de guérison. Je me charge de mes besoins physiques, spirituels et émotionnels. Trop souvent dans ma famille d'origine, mes besoins étaient réduits, ignorés. Je décide de me prendre en charge dès maintenant.

Aujourd'hui, je m'offre des repas bien balancés et le repos nécessaire afin de réapprovisionner mon corps.

Aujourd'hui, j'exprime librement mes sentiments avec la participation rassurante des autres. Je m'entoure de gens en qui j'ai confiance afin qu'ils m'accordent l'aide dont j'ai besoin.

Aujourd'hui, je reconnais que je suis important(e) pour Dieu. Je prendrai quelques moments, au cours de la journée, afin de permettre à Dieu de m'entourer de son amour.

LA CONNAISSANCE DE SOI

JE M'OBSERVE AVEC
COMPASSION ET AMOUR

Un jour à la fois, j'apprends à m'observer avec compassion plutôt que de le faire de façon abusive. La tâche c'est de ME CONNAÎTRE. Afin d'accroître cette connaissance du Moi, je dois observer mes interactions avec les autres.

Aujourd'hui, je me concentre sur mes besoins et mes désirs. Dans ma famille d'origine, une telle quantité d'énergie m'était «imposée par les autres,» j'étais plus porté(e) envers les autres qu'envers moi-même. Conséquemment, je n'ai jamais réussi à développer ma propre identité.

À partir de ce moment, je m'embarque dans la recherche de Moi. Pour cette aventure, je m'entoure d'amour et de compassion.

LES SENTIMENTS

JE PEUX EXPRIMER MES
SENTIMENTS DE FAÇON DIRECTE

Je ne dérangerai pas les gens en leur faisant part de ce que je ressens. En communiquant mes sentiments directement, je me respecte et je possède ma propre puissance.

Dans ma famille d'origine, j'ai appris àcommuniquer mes sentiments indirectement; ils étaient défendus et cachés et on devait les deviner à partir des indices comportementaux.

Ce style indirect ne fonctionne plus pour moi. Je ne veux plus jouer de jeux avec les gens quand il s'agit de mes sentiments. Je ne veux pas laisser derrière moi une traînée de faits que les autres pourraient utiliser pour résoudre le mystère de ma vie émotive.

Aujourd'hui, je communique de façon saine et directe. Je décide consciemment de faire part de mes sentiments de façon directe et appropriée.

LA SANTÉ

JE ME VOIS EN BONNE
SANTÉ PHYSIQUE

Aujourd'hui, je libère mon corps de toutes ses impuretés. Il s'agit d'un présent qui mérite ma plus grande attention. Aujourd'hui, je gâte mon corps avec de la **nourriture** saine, une **acceptation** saine et des **pensées** saines.

Je suis heureux(euse) d'être ce que je suis et j'accepte avec enthousiasme mon identité physique. Je respire profondément, en concentrant mes pensées sur mon bien-être. Je vide mes poumons de tout négativisme, de toute impureté.

Mon corps est témoin de mes pensées, donc je dois lui témoigner de puissantes suggestions de santé.

Aujourd'hui, je me réjouis de ma bonne santé.

L'ENFANCE

AUJOURD'HUI, JE REVOIS MON ENFANCE SANS HONTE

Je revois mon enfance avec une nouvelle perspective. Je me rends compte que je n'étais pas responsable des situations cahoteuses et de l'inconsistance dans ma famille d'origine. Bien que je me sentais critiqué(e) et accusé(e) d'être la cause de la dépendance chimique de mes parents, je sais que je n'en étais pas responsable.

J'étais l'enfant à son meilleur. La maladie de ma famille n'était **pas** causée par mon espièglerie, mon manque de bonté ou mon imperfection. La maladie d'alcoolisme empêchait mes parents d'exprimer l'amour de façon saine. Je ne suis pas responsable de ce qui s'est produit dans ma famille.

Au fur et à mesure que j'avance dans mon rétablissement, je refuse de me blâmer aujourd'hui pour ce qui s'est produit hier. Je n'oublie pas le passé, je tente plutôt de le comprendre et de déceler l'effet qu'il a sur ma vie adulte.

Aujourd'hui, je peux examiner les souvenirs de mon enfance sans honte, sans culpabilité. Je n'étais pas responsable du désordre et de la faiblesse de ma famille d'origine.

LES SENTIMENTS DANGEREUX

JE SUIS À L'ÉCOUTE DE MES SENTIMENTS ET MES DOULEURS D'HIER S'APAISENT

Aujourd'hui, je fais la paix avec mon histoire personnelle. Je mets fin à tous les tourments de mon enfance afin qu'ils cessent de contaminer ma vie adulte. Une des étapes importantes, c'est d'abandonner une parcelle de mon histoire personnelle et de raffiner mes sentiments.

De cette façon, je découvre exactement ce qui s'est produit - ce que je dois faire. Je peux tourner toute mon attention vers mes sentiments afin de les épanouir. J'ai confiance qu'ils ne me maîtriseront pas, ne me mèneront pas au seuil de la folie ni ne tueront ceux qui me côtoient. Les sentiments qu'il m'aurait été difficile d'exprimer à ma famille, au moment de mon adolescence, n'ont plus de pouvoir aujourd'hui.

Aujourd'hui, je considère les sentiments qui me touchent. Bon nombre me suivent depuis ma jeunesse et ne forment plus la base de ma présente réalité. Au moment où j'affronte les souvenirs qui me hantent, j'abandonne les douleurs d'hier.

LE BONHEUR

MON BONHEUR NE DÉPEND
QUE DE MOI

Aujourd'hui, je réagis positivement à mon environnement et aux gens autour de moi. Je vois la vie avec une nouvelle compréhension des choses importantes. Mon bonheur dépend de MOI - je suis la seule personne qui puisse m'offrir l'enfer ou le ciel sur terre. Mon bonheur ne dépend pas des autres personnes ou des autres circonstances.

Mon bonheur ne dépend aucunement des sentiments d'une autre personne envers moi. Il dépend de la façon dont je le mène. Il n'a rien àvoir avec mes revenus ou avec l'endroit où j'habite ou avec ce qui m'appartient. Il dépend de la précision de ma réalité spirituelle derrière toutes ses façades.

Aujourd'hui, j'accepte l'entière responsabilité de mon bonheur et je laisse la bonne humeur et la bonne volonté pénétrer tout ce que j'entreprends.

LA BESOGNE INACHEVÉE

AUJOURD'HUI, JE METS DE L'ORDRE DANS MES AFFAIRES

Aujourd'hui, je me déclare motivé(e). J'ai la force de résistance nécessaire à la réussite de mon rétablissement. Jadis, je me tournais vers d'autres personnes en quête de motivation. Aujourd'hui, je prends ma vie entre mes mains puisque j'ai les possibilités d'accomplir n'importe quelle tâche.

Aujourd'hui, je m'en remets à ma Source Suprême afin qu'elle m'accorde l'inspiration dont j'ai besoin pour rompre avec mes habitudes négatives de penser et de me comporter.

J'accorde une attention particulière, en ce jour, à toute besogne inachevée. Je suis en position de régler tout ce qui est devant moi, avec enthousiasme. J'ai le pouvoir de faire de cette journée une journée d'accomplissement.

LA LIBERTÉ

JE ME DÉCLARE LIBRE
DE FONCER

Aujourd'hui, je peux avancer librement. J'ai largué les contraintes du passé. Je perçois les pensées destructives ou les comportements de dépendance comme choses du passé. J'abandonne tout ce qui s'est produit précédemment et je suis libre de m'offrir la vie que je désire depuis si longtemps.

Je ne suis plus lié(e) aux vieilles manières limitées de penser. Je vois au-delà des vieux schémas de ma conscience personnelle qui me retenaient comme dans une prison.

Je ne suis plus limité(e) aux vieilles habitudes, aux vieux traits que je veux surmonter. Je me libère des contraintes et des vieux schémas de comportement. Les gens et les choses n'exercent plus aucun contrôle sur mon esprit.

J'ai pris charge de mon cerveau, de mon corps et de mes affaires. Je suis libre et je suis reconnaissant(e).

CHANGER POUR LE MIEUX

EN CE MOMENT, MA VIE
CHANGE POUR LE MIEUX

Des possibilités nouvelles et attrayantes s'ouvrent à moi, chaque jour. Je ne connais aucune limite parce que je suis plus fort(e) que les circonstances.

Je ne suis pas obligé(e) de dépendre des autres pour me réaliser pleinement - j'ai la volonté, le dynamisme et la force de bousculer tous les vieux schémas qui obstruent ma voie.

Le monde m'appartient et je peux en faire ce que je veux. Mes espoirs et mes rêves sont à la portée de la main. Je ne m'en fais plus au sujet de mon avenir, parce que j'ai le pouvoir de le changer. Je décide ce qui doit se produire et je laisse les choses se dérouler, avec confiance et amour.

Aujourd'hui, je sais que j'ai le contrôle de moi et que je peux changer ma vie avec confiance afin de me réaliser pleinement.

L'ENFANT EN MOI

L'ENFANT EN MOI EST ENJOUÉ, BEAU ET ÉLOQUENT

L'enfant en moi a besoin d'amour et d'attention. Mon enfant intérieur représente une partie importante de l'être que je suis. Dans ma famille d'origine, je n'ai jamais eu le temps d'être enfant. C'est cet enfant précieux qui sait comment jouer et qui accepte l'amour. C'est ce précieux enfant que je découvre.

Tout au cours de cette journée, je laisse couler les flots de mes souvenirs d'enfance. Lorsqu'ils sont douloureux ou plaisants, je sais qu'ils m'aideront à découvrir une partie importante de moi-même, depuis longtemps ignorée. Je ressens une affinité naturelle avec mon enfant intérieur et je sais que je peux l'aimer et l'accepter. Je cultive cette relation en moi avec adresse et chaleur. En aimant cet enfant, je sens jaillir une partie de moi merveilleusement enjouée.

Aujourd'hui, j'ouvre mon coeur à mon enfant intime, en sachant qu'il m'habite toujours.

LE BONHEUR MAINTENANT

JE CONNAIS MAINTENANT
LE BONHEUR

Pour moi, le bonheur c'est MAINTENANT. Je n'ai pas besoin d'attendre le rétablissement de mes parents codépendants. Je n'ai pas à reporter mon propre bonheur afin de me plier à l'horaire d'une autre personne. Je peux vivre ce bonheur dès maintenant.

J'ai le droit de mener une vie productive, enrichissante. J'ai le droit de bénéficier d'une vie physiquement et psychiquement saine sans sentiment de culpabilité parce que d'autres personnes sont accrochées. Je peux provoquer les changements qui me plaisent et vivre à ma façon. Mon bonheur ne dépend pas de la sobriété, du rétablissement de mes parents ou de la reconnaissance de leur problème.

Je peux me détacher et refuser de participer à un comportement destructif. Je peux résister à la tentation d'être l'élément «guérisseur» ou «victime» ou «d'aide providentielle». Je fais confiance à mes sentiments pour me dire quand lâcher prise.

Aujourd'hui, je décide que le bonheur est pour moi. Aujourd'hui, je décide que les problèmes de mes parents appartiennent à eux, et non à moi. Je suis libre et plein(e) d'enthousiasme - je me bénis, je bénis ma famille et je bénis ce jour.

LA LIBERTÉ

AUJOURD'HUI, J'AFFIRME QUE JE SUIS LIBRE DE TOUTE DÉPENDANCE

Je mords dans la vie à pleines dents, je suis libre!

J'ai suivi trop souvent l'appel spirituel pour me trouver à la mauvaise adresse. Je suis en quête d'entièreté, de complétude et d'intégration. Je sais qu'on ne trouve jamais la sérénité dans les produits chimiques, dans les relations ou dans une dépendance malsaine.

Je cherche la raison qui aurait pu m'inciter àme tourner vers les produits chimiques, la nourriture et les relations qui m'ont laissé(e) vide, engourdi(e) et confus(e). Aujourd'hui, je ne veux plus dépendre des gens et des choses pour me réaliser pleinement. Aujourd'hui, je déclare ma liberté de toute dépendance malsaine. Je suis enfant de Dieu et j'apprends à me voir comme Dieu me voit.

Ma conscience est en éveil parce que j'ai découvert que je possède les éléments nécessaires pour profiter d'une vie complète et productive. J'affirme ma vie et ma liberté de dépendance, sous toutes les formes.

L'ÉQUILIBRE

J'ACQUIERS UN SENS
DE L'ÉQUILIBRE

Je découvre des notions d'équilibre - je n'ai plus à vivre avec des situations extrêmes. Le monde n'est pas noir et blanc mais parsemé de nuances de couleurs. Mes expériences et mes émotions sont aussi un équilibre et j'apprends àvoir le monde.

Aujourd'hui, je ne suis pas obligé(e) d'avoir «raison» ou «tort». Je peux vivre l'expérience d'être en parfait équilibre. Je ne me prive ni ne me gave. Dans mes relations, je ne suis ni fusionné(e) ni isolé(e); dans mes amitiés, je ne fais ni confiance à un degré irréaliste ni ne sombre dans la méfiance envers qui que ce soit.

L'un des cadeaux les plus importants que je puisse m'offrir c'est d'apprendre mon propre sens de l'équilibre. Aujourd'hui, j'abandonne les vieux schémas destructifs. Je ne vis plus avec un parent codépendant et je m'extirpe de tous les comportements, les croyances et les émotions qui provoquaient mon déséquilibre.

L'NDIVIDUALITÉ

J'OSE ÊTRE MOI-MÊME

La puissance de Dieu touche tout ce que je fais et tout ce que je suis. Voilà le don d'exprimer la présence de Dieu dans ma vie. Le choix m'appartient - de cacher mon caractère unique, ou de danser librement au son de la musique que j'entends.

Lorsque je me force à être ce que je suis **supposé(e)** être plutôt que ce que je **suis**, je paie en conséquence. Le prix est très élevé: maladie physique, tristesse, agitation ou dépendance. Aujourd'hui, j'ai choisi la voie de la santé physique et mentale et de la sérénité.

J'entends m'exprimer de façons nouvelles, sans précédent. Aujourd'hui, j'ose être moi-même.

LA VOIX INTÉRIEURE

JE ME DONNE DES
IMAGES POSITIVES

Je m'offre mon amitié en cessant de créer mes propres anxiétés. Quelles sont ces voix intérieures qui, constamment, soulèvent la douleur et la crainte? Ce sont des résidus de voix critiques de mon passé qui me disaient que j'étais une mauvaise personne, sans valeur. Peut-être que le seul empêchement à mon rétablissement est de faire face à ma honte.

Cet abaissement est comme un monstre caché dans un placard qui surgit au moment je m'y attends le moins. Les messages qui me frappent jusqu'à la moelle des os proviennent de mon infamie. Pour surmonter cette flétrissure, je dois transformer ces pensées internes en manifestations externes. Je reconnais la honte lorsque je la ressens et je remplace ces voix négatives par des affirmations positives.

Aujourd'hui, j'entreprends une nouvelle phase de mon rétablissement et je constate qu'une partie de l'anxiété que je ressens est une honte que je m'impose moi-même. J'ai le courage de me traiter avec bienveillance et de laisser les vieilles blessures se cicatriser.

LES RÈGLES

JE PEUX MODIFIER LES RÈGLES

Aujourd'hui, je vois que je peux examiner en toute sécurité les règles de ma vie et j'ai le pouvoir de les changer si je veux promouvoir mon rétablissement.

Suis-je toujours soumis(e) inconsciemment aux règles qui ne me vont plus? Dans ma famille d'origine, beaucoup de règles étaient incongrues et irréalistes.

Aujourd'hui, je prends note de mes règles sur l'amour, l'argent, les amis, le sexe, les décisions et les émotions. Quelles sont mes règles de choix, quelles sont celles que j'ai adoptées inconsciemment?

J'ai la possibilité de choisir les règles qui fonctionnent bien dans ma vie et de rejeter les autres.

* * *

Suggestion: Préparez une liste des catégories précitées. Écrivez les règles de chaque catégorie dans votre famille d'origine. Ensuite, écrivez **vos** règles. Sont-elles les mêmes? Les avez-vous inconsciemment acceptées?

L'ÉPUISEMENT TOTAL

JE PEUX AIDER LES AUTRES TOUT EN VEILLANT À MES PROPRES BESOINS

Je prends soin de moi et j'empêche l'épuisement total. Je peux voir mes besoins tout en aidant les autres. Si je ne m'entoure pas de bons soins et que je m'expose à l'épuisement et à la colère, je ne suis utile à personne.

Je cours le risque de m'épuiser totalement lorsque je donne complètement aux autres ce dont j'ai besoin pour moi-même. Je crée une injustice envers les autres lorsque je ne prends pas bien soin de moi, mais, avant tout, je me crée une plus grande injustice.

Aujourd'hui, je trouve la subsistance qui m'est nécessaire chez ceux à qui je fais confiance. Je prends le temps de relaxer, de me détendre. Lorsque je me fais un point de combler la plupart de mes besoins, je n'ai pas la tentation de combler les autres de façon à me faire du tort ou en faire aux autres. Aujourd'hui, je m'occupe de mes exigences avant celles des autres. Je puise mon éducation et mon appui chez mes amis et dans ma Puissance Suprême. En m'occupant de mes prérequis, j'empêche l'épuisement total. Je repousse la tentation de combler mes désirs irréalisés de façon à me créer des problèmes.

L'ACCOMPLISSEMENT

JE SUIS CAPABLE DE FINIR DES PROJETS QUE J'AI COMMENCÉS

Aujourd'hui, j'examine mes tâches avec mes yeux. Je ne généralise pas outre mesure mes projets ni ne me laisse envahir par l'image. Je n'ai pas l'intention de me perdre dans les détails.

Je fais face à mes nouveaux projets avec conscience, équilibre et persistance. Si j'ai besoin d'aide, je n'aurai pas honte de la solliciter. Nul ne s'attend à ce que je connaisse tout. Je ne m'attends pas à en arriver à la perfection dans toutes les situations. Plutôt, je fais de mon mieux dans tout ce que j'entreprends.

Aujourd'hui, je peux élaborer un plan vers l'accomplissement et je sais que je peux réussir, un jour à la fois.

L'ESPRIT DE SACRIFICE

JE PEUX OBTENIR CE DONT J'AI BESOIN SANS SOUFFRANCE

Je peux voir à ce qu'on prenne soin de moi parce que je suis ce que je suis - un être humain valable. Je n'ai pas de mal de tête ou d'ulcère et je n'ai pas besoin de tomber d'épuisement avant que les autres me portent attention et me viennent en aide.

Dans ma famille, parfois, la seule façon d'attirer l'attention était de tomber malade. Bien que cela ne soit plus vrai aujourd'hui, il m'arrive d'ignorer mes besoins jusqu'à ce que je tombe malade.

Aujourd'hui, je suis à l'écoute de mon corps. Si j'éprouve de la fatigue, de la tension ou si j'ai besoin qu'on me touche, je vois à tous les besoins que je peux ressentir.

Je me fais un point de me souvenir que les vieilles règles de ma famille d'orogone **n'ont plus cours**. Je refuse de me sacrifier pour attirer l'attention et l'approbation.

LA RELAXATION

JE RESPIRE, JE RESSENS, JE RELAXE

Aujourd'hui, je me confie trois tâches élémentaires qui marquent un nouveau départ: je respire, je ressens, je relaxe.

Aujourd'hui, je me réserve un moment de retraite. Lorsque je ne m'accorde pas la solitude dont j'ai besoin, je n'ai plus aucune chance de faire le plein.

Aujourd'hui, je me souviens comment respirer. Avec tout ce qui se produit dans ma vie, je me sens parfois coincé(e) et je prends quelques courtes bouffées d'air. J'oublie, en quelque sorte, l'importance d'une respiration profonde et de laisser l'air frais gonfler mes poumons. Je me nourris lorsque je respire profondément.

Aujourd'hui, je me fais un point de ressentir. En vivant toutes mes émotions, je peux réagir plus intensément aux richesses que la vie m'offre.

Aujourd'hui, je me fais un point de bien respirer en m'accordant le temps de ressentir et de m'offrir un peu de solitude. Voilà quelques ingrédients spirituels, physiques et émotionnels qui me permettent de m'épanouir.

L'HARMONIE

AUJOURD'HUI, J'AI UN PARFAIT ÉQUILIBRE DANS TOUT CE QUE J'ENTREPRENDS

Aujourd'hui, je prends le temps de m'équilibrer et de découvrir mon point central. Quand j'en arrive à cette dimension, rien ne peut me déranger. Je deviens paisible, agréable et en parfaite harmonie avec moi-même.

Jadis, ma famille d'origine était déséquilibré, le désaccord et la confusion l'emportaient sur l'harmonie et la paix. Dans ma famille d'origine, mes modèles d'enfance m'ont enseigné les limites extrêmes de l'émotivité, de l'inconsistance et de la méfiance. Aujourd'hui, je laisse reposer le passé et je cherche une existence équilibrée et harmonieuse.

Aujourd'hui, j'expérimente diverses façons d'être centré(e) et d'être en paix avec moi-même. Je veux découvrir ce labyrinthe de quiétude innée en moi. Je me maintiens au centre, en harmonie avec l'amour de Dieu et je rejette de mon cerveau les pensées défaitistes.

L'ÂGE ADULTE

AUJOURD'HUI, JE CÉLÈBRE L'ÂGE ADULTE

Je ne demande pas mieux que de grandir. Au fur et à mesure que je m'avance dans mon rétablissement, je commence à éprouver une certaine satisfaction dans l'âge adulte. En développant une amitié envers moi-même, je me mets en valeur, de sorte qu'il devienne une voix active, pourtant flexible de mon monologue intérieur. La voix m'aide à me comporter de façon responsable envers moi-même et envers les autres.

J'utilise ma puissance intérieure afin que mes attentes soient harmonieuses. J'utilise mon être adulte pour formuler les choix qui sont dans mon intérêt et je prévois les conséquences logiques.

Dans ma famille d'origine, la croissance n'était jamais chose à célébrer. J'en ai conclu que devenir adulte signifiait perdre l'amour et l'appui des gens autour de moi. Mon comportement reflétait cette crainte par ma démarche puérile, ma dépendance et mon manque de disposition à grandir.

Aujourd'hui, j'affirme que je suis aimable, au cours des années que je traverse. Je célèbre ma vie adulte et j'utilise ma sagesse imbue de maturité pour me guider.

LA SANTÉ PHYSIQUE

MON BIEN-ÊTRE PHYSIQUE
EST IMPORTANT POUR MOI

Ma nutrition personnelle signifie que je prends bien soin de mon corps. Je n'irai pas à l'encontre de la réalité en croyant que je peux négliger ma santé et maintenir ma vitalité et ma force. En grandissant avec des parents affligés, j'ai appris à m'en imposer davantage sans être conscient(e) de mes propres besoins.

Si je nourris mon corps avec des aliments inadéquats, si je me refuse le repos nécessaire, ou si je m'enfonce dans une situation de stress, j'abuse de moi-même.

Comment puis-je commencer à bien traiter mon corps? Je peux y parvenir en ne lui demandant **pas** plus qu'il n'est capable physiquement. Je peux apprendre à dire «non!» aux activités qui me dérobent mon énergie. Enfin, je peux bien manger et m'offrir le repos et l'exercice nécessaires.

Je ne m'attends pas à changer toutes mes habitudes du jour au lendemain. La douceur, et non la perfection, est le mot-clé aujourd'hui. En ayant conscience de la santé, je poursuis une vie saine.

L'INVENTAIRE

AUJOURD'HUI, JE FAIS FACE À MES ÉMOTIONS INCONFORTABLES ET JE COMMENCE À LES ANÉANTIR

Aujourd'hui, je fais face à mes émotions et je les laisse passer. Que faire avec mes sentiments d'inconfort? Ai-je adopté certaines stratégies qui me sont saines ou suis-je en train de répéter les mêmes vieux schémas autodestructeurs de ma famille d'origine? Au fur et à mesure que je deviens conscient(e) de mon comportement, je peux possiblement éliminer mon enfance de ma vie adulte.

Lorsque je manque de confiance ou de sécurité, est-ce que je dois m'empresser vers la sécurité d'une relation, d'une tournée des magasins ou d'un effort physique excessif pour mieux me sentir? Si j'ai tendance à trop dépenser, trop manger ou tout simplement en faire trop lorsque je suis mal en point, je veux changer ce schéma. Lorsque j'exagère je ne me sens jamais bien. Au cours de cette période d'excès, j'ai l'impression que je tente de combler un trou sans fond. Si je continue à fuir mes émotions, je continuerai à en subir les conséquences. Aujourd'hui, je fais face à mes sentiments d'inconfort et je travaille en vue de les éliminer.

LA CRITIQUE

JE PEUX ACCEPTER LA
CRITIQUE AVEC FACILITÉ

J'ai droit à mes propres pensées et les autres croient aux leurs. Lorsque les gens se forment des opinions sur mon comportement, je me sens calme et en paix avec moi-même. Je peux choisir ma façon d'interpréter les opinions et les jugements des autres. Mais je refuse d'utiliser les punitions des autres contre moi-même.

Jadis, je laissais la critique des autres déclencher la honte chez moi. Leurs réactions négatives semblaient m'indiquer combien j'étais mauvais(e).

Jamais plus, je ne refuserai de laisser les réactions des autres contrôler mon comportement ou mes sentiments. Aujourd'hui, je tiens compte, sans anxiété, sans honte, que les autres ont droit à leurs opinions. Si je choisis de modifier mon comportement, ce sera dans le but de me plaire -et à personne d'autre.

LES ATTENTES

J'AI LE COURAGE D'ENTREVOIR LA VIE AVEC DES ATTENTES RÉALISTES

J'entrevois les situations avec réalisme lorsque je suis branché(e) sur la vérité. La meilleure façon d'engendrer la misère chez moi est d'élargir la fosse entre mon espoir et ma réalité. Lorsque je vis selon des attentes impossibles et des mythes tordus au sujet des gens, je suis souvent désappointé(e).

Quelles sont mes attentes? Les autres doivent-ils toujours comprendre mes sentiments? Dois-je m'attendre, puisque je vis maintenant une relation, à ne jamais me sentir triste et sans amour?

Dans ma famille d'origine, j'étais constamment désappointé(e). Dois-je continuer à me punir en me cramponnant aux idées rigides que je me fais de moi-même et des autres? Comme adulte, refuser de modifier mes attentes est la recette parfaite de l'échec.

Entreprendre la vie avec réalisme, c'est vivre selon la Prière de la Sérénité. Je possède la sagesse pour connaître la différence entre ce que je dois accepter et ce que je peux changer.

LA HONTE ET LE MONOLOGUE INTÉRIEUR

AUJOURD'HUI, JE REJETTE LES CROYANCES QUI NUISENT À MON RÉTABLISSEMENT

Aujourd'hui, je suis conscient(e) de mes pensées et je me rends compte que mon monde est le reflet de tout ce que je crois. Je reconnais que mes croyances se manifestent dans ma réalité - je n'ai donc pas de temps à accorder aux pensées négatives, aux schémas destructifs ou à toute autre dimension nuisible à mon rétablissement.

Je rejette les émotions de culpabilité, de honte et d'amertume. Je ne suis pas coupable et je n'ai aucune raison d'avoir honte. Je laisse ma rancoeur s'écouler au moment où je bénéficie du confort de la sécurité de ma Puissance Suprême.

Aujourd'hui, j'abandonne ces croyances qui me sont destructives et celles qui ont vécu leur utilité. Aujourd'hui, mes pensées se concentrent sur la beauté, l'abondance, l'ordre, l'amour, la liberté et la santé.

LA RESPONSABILITÉ DE SOI

JE SUIS RESPONSABLE DE MOI-MÊME

Je suis responsable **des gens** avec lesquels je travaille. Je ne suis pas responsable de **leur vie**. Mon sens des responsabilités envers les autres se traduit par un comportement de contrôle exagéré et de manipulation. Être toujours en contrôle signifie que si mes clients ne réussissent pas en thérapie, c'est ma faute. Cela signifie que si mes étudiants n'apprennent pas ce que je leur enseigne, je suis sûrement la personne à blâmer.

Être responsable des autres fait partie du système de honte et de dépendance. Ce système m'a enseigné que lorsque quelque chose ne fonctionne pas selon mes attentes, je dois avoir recours à tout autre moyen qui me permettra d'atteindre mes objectifs. Cela veut peut-être dire blâmer d'autres personnes, me comporter de façon galante, être faible, malade ou tout simplement changer de sujet. Je me dupe en me faisant croire que je peux contrôler le dénouement d'une situation.

Aujourd'hui, je me rends compte que je ne contrôle pas la vie. Je n'ai aucune idée de la façon dont les choses doivent se dérouler ou comment les autres doivent réaliser leurs buts. La responsabilité envers les autres signifie tout simplement que je fais le meilleur travail possible, tout en respectant la dignité des autres afin qu'ils en fassent de même.

LE POUVOIR

JE PEUX AVOIR DU POUVOIR TOUT EN ÉTANT EN PAIX AVEC MOI-MÊME

La présence de ma Puissance Suprême existe en moi. Je n'ai pas à tendre la main vers l'extérieur de moi-même pour rejoindre ce qui habite en moi. Je suis à la recherche de la tranquillité d'esprit. Je désire me sentir bien émotivement, physiquement, mentalement et spirituellement. Pour en arriver à ce stade de bonheur, je ne dois pas m'aligner sur les choses matérielles ou sur les autres personnes.

Je me sens en paix lorsque je reconnais l'énorme puissance qui vit en moi. Lorsque je m'aligne avec mon pouvoir interne, je sais que je m'aligne avec Dieu. J'ai vu ce qui se produit lorsque mon pouvoir n'est pas utilisé à bon escient. C'est dans une telle situation que je dépends des gens et des choses pour me combler.

Je ne me sens plus affaissé par les gens, par les choses. Par le biais de mon rétablissement, je découvre des façons de m'aligner avec mon pouvoir interne et avec Dieu, de sorte que je peux foncer vers l'avant et réaliser pleinement mon potentiel.

LA DOUCEUR

JE M'ENTOURE DE DOUCEUR ET JE RESPECTE LES AUTRES

Aujourd'hui, je me traite avec douceur et j'affiche de la tendresse envers les autres. J'entreprends cette journée sans rechercher la perfection de moi-même et des autres. Lorsque je deviens sévère envers moi-même, cette sévérité déborde dans mes relations. Lorsque je suis critique et que je demande beaucoup, je pave la route de la solitude et je limite mon propre développement.

Dans le but précis de promouvoir mon rétablissement, je vis chaque moment en me traitant avec douceur et bonté.

Aujourd'hui, je peux admettre mes faiblesses sans éprouver de la honte ou de l'accablement. Je refuse de m'enfuir de moi-même comme être humain ou de détruire mes relations par mes attentes exagérées. Les résidus de ma famille d'origine peuvent être abandonnés à tout jamais.

Je sens le renouvellement et l'encouragement alors que je me concentre sur la découverte des bonnes réponses à mes problèmes et sur la façon de me traiter. En apprenant à prendre soin de moi-même, je trouverai les réponses.

LA SEXUALITÉ

AUJOURD'HUI, J'ACCEPTE ET J'AFFIRME MA SEXUALITÉ

Je suis heureuse d'être une femme. Je suis heureux d'être un homme.

Notre culture nous a transmis des messages confus sur la signification d'être garçon (homme) ou fille (femme). Bon nombre d'entre nous avons grandi avec des visions erronées de nos rôles sexuels.

Il est important de développer nos propres versions de ce que nous sommes en tant qu'homme ou femme. Bien que nous soyons associés à cette découverte du soi, il est aussi important d'être rassurés par ceux qui nous entourent.

L'affirmation de notre masculinité ou de notre féminité n'a rien à voir avec le sexisme. Comme hommes et femmes, nous reconnaissons le fait que nous possédons des caractéristiques mâles et femelles. Au cours de notre épanouissement, nous en venons à apprécier la beauté de ces deux qualités.

Aujourd'hui, nous affirmons notre sexualité et reconnaissons qu'il est merveilleux d'être homme ou femme.

LES CHOIX

AUJOURD'HUI, JE PENSE
AVANT D'AGIR

Je suis assez sage pour penser avant d'agir, aujourd'hui et à tous les jours. Dans ma famille d'origine, les décisions étaient prises de façon impulsive. Les résultats étaient un mélange d'inconsistance, de désordre et d'imprévisibilité, ce qui faisait que nous avions de la difficulté à nous fier sur quoi que ce soit.

Je dois faire des choix au cours de mon rétablissement et je dois les vérifier; ensuite, je dois agir. Il ne s'agit pas d'indécision, mais plutôt d'une décision disciplinée afin d'éloigner tout comportement impulsif.

Si j'ai hésité dans les tentatives de satisfaire mes désirs, sans grand succès, c'est peut être utile de m'arrêter et d'écouter ma voix intérieure. J'ai déjà été lié(e) par des choses extérieures, par ce que les gens pensent, disent et font; peut-être que je dois m'arrêter et décider ce que je veux vraiment.

Aujourd'hui, j'analyse sérieusement mes pensées. Je veux vivre de façon créative et efficace tout en continuant de penser avant d'agir.

LE PLAISIR

JE M'ACCORDE LA PERMISSION
DE JOUIR DE LA VIE

Je m'accorde la permission de profiter de la vie. Pendant une bonne partie de ma vie, le plaisir représentait une récompense que je devais mériter. J'ai appris à mettre de côté mes propres désirs et à plaire aux autres. J'ai appris qu'avoir du plaisir était une perte de temps et si je m'amusais, il était impossible pour moi de faire de «bonnes choses».

Aujourd'hui, je défie et je réévalue tout ce qu'on m'a enseigné sur le plaisir. Ce n'est pas une récompense pour quelque chose que je fais mais plutôt la chose la plus essentielle de ma vie. Mes dimensions physiques et spirituelles sont organisées dans une dimension de plaisir, éloignée de la douleur. Une indication que je me dirige dans la bonne direction c'est que je me plais dans la joie et le plaisir. Aujourd'hui, je suis à la recherche de plaisir dans mes activités et je m'accorde la permission d'apprécier ma magnificence. Je peux apprendre que mes plus grands plaisirs proviennent non pas de ce que je **fais**, mais de ce que je **suis**.

Par le biais de mon rétablissement, je me rends compte que les luttes et les tensions ne constituent pas nécessairement des signes absolus que je fais de mon mieux. Le véritable indicateur du fonctionnement ultime repose dans l'entièreté du Moi et l'expérience de la joie.

L'APPROBATION DE SOI

JE PEUX M'HONORER MOI-MÊME SANS RECHERCHE D'APPROBATION

Aujourd'hui, je ne ressens plus le besoin désespéré d'obtenir l'approbation des gens. Je n'ai plus l'intention de submerger mon être réel dans le but d'obtenir l'approbation des autres. En tant qu'adulte, je n'ai pas besoin de rechercher aveuglement le tampon «OK» pour tout ce que je fais.

J'ai grandi avec un «critique» dans ma conscience qui insistait sur la perfection. J'ai grandi en tentant de plaire à tous les gens afin d'obtenir leur amour. Je rejette ce scénario aujourd'hui. Je défie cette vieille croyance d'être rejeté(e) parce que je suis Moi.

Aujourd'hui, j'établis un rapport avec les autres avec la certitude que j'ai certaines valeurs. Si cette démarche n'est pas naturelle pour moi, j'agis comme si elle l'était. Je m'imagine comme une personne qui ressent ses propres valeurs et son intégrité innée. Je remarque ce que je ressens, je tiens compte de mon comportement.

Je n'ai plus l'intention de vivre ma vie en m'excusant. Je ne suis plus une personne auto-défaitiste qui cherche à plaire. Maintenant que j'ai appris à m'aimer, je ne ressens plus le besoin de plaire à tout le monde.

Aujourd'hui, je m'approuve.

LA VALEUR DE SOI

AUJOURD'HUI, J'ACCEPTE
MES ERREURS

J'accueille mon imperfection, j'accepte mes erreurs. J'ai le droit d'avoir tort. Il n'est pas nécessaire que ma valeur personnelle s'évapore lorsque je ne réalise pas pleinement mes attentes. M'accorder la permission d'être humain signifie que je peux retenir tout jugement sur moi-même. Je n'ai plus l'intention de revivre mes erreurs passées. Hier s'est terminé à minuit et je reconnais les délais de prescriptions sur mes erreurs du passé. Il n'est pas nécessaire que je paie pour le reste de ma vie. À moins que je ne me pardonne, je ne serai jamais capable de fonctionner dans le temps présent avec amour-propre.

Aujourd'hui, j'accueille mon manque de perfection. Mes erreurs m'ont enseigné des choses que je n'oublierai jamais. C'est par le biais de mes erreurs que je reconnais les secteurs de ma vie que je dois améliorer. Ce que j'ai fait dans ma vie était au maximum de mes possibilités en tenant compte des limites particulières qui m'étaient imposées. Me traitant avec une douceur ferme, je peux faire face à mes erreurs de façon calme et prendre les mesures appropriées sans ressentir la honte.

L'ACCOMPLISSEMENT

AUJOURD'HUI, JE M'ACCORDE
LA PERMISSION DE RÉUSSIR

Aujourd'hui, je m'accorde la pleine permission de réussir et je baisse le volume de tous les messages négatifs qui me disent autrement. Je contourne les schémas incongrus de ma famille d'origine. Je ne m'adonne à aucun verbiage sur ma foi en moi, tout en me plaignant des obstacles qui me retiennent.

Il n'est pas nécessaire que je possède un talent exceptionnel, un quotient intellectuel de génie, ou de parfaites conditions afin de réussir. En utilisant les talents que Dieu m'a accordés, je peux créer mes propres conditions qui me permettront de m'épanouir.

Je possède la détermination et la confiance de fonctionner selon mon plein potentiel. Je n'ai plus l'intention de saboter mon succès en me fixant des objectifs inaccessibles, en m'imposant un horaire illogique ou en travaillant de façon effrénée. Je refuse de travailler au point d'ébranler mon inspiration.

Aujourd'hui, je me rappelle qu'un signe de succès se manifeste par la possibilité de rire et de profiter de la vie à chaque jour.

L'ENTIÈRETÉ

JE PEUX M'ISOLER DE MON TRAVAIL

Je veux prendre plaisir à accomplir mes tâches et j'ai l'impression que je contribue à quelque chose. Je ne veux pas devenir dépendant de mon poste et je l'utilise comme moyen de me protéger contre mes sentiments. Il est important pour moi de pouvoir tirer un certain plaisir de mes activités en-dehors du travail. J'ai besoin de m'isoler de mon travail, de sorte que je puisse développer et maintenir une bonne relation avec ma famille et mes amis.

Si je ne me sens bien que lorsque je suis au travail, il se peut que je néglige d'autres parties de ma personnalité qui mériteraient d'être mises en valeur. Si la satisfaction ne me vient que par le travail et les responsabilités, il se peut que je me protège contre la crainte d'insuffisance ou d'échec.

Dans tous les secteurs de ma vie, je suis à la recherche d'équilibre. Si on ne me définit que par ce que j'accomplis au travail, le moment est venu de faire l'inventaire de ma vie émotionnelle, physique et spirituelle. Tout changement dans mes habitudes de travail peut entraîner des compromis et une nouvelle philosophie de la vie. (Je ne dois pas permettre que les schémas de déni m'empêchent d'avoir le contrôle de ma vie.) Je me crée un futur fait de joie et d'équilibre intérieur.

LA FLEXIBILITÉ

MA VIE EXPRIME UN ESPRIT DE FLEXIBILITÉ

J'apprends à être flexible dans mon approche de la vie. Un jour à la fois, j'ajuste mes attitudes et mon horaire précis afin d'accommoder l'inattendu. Je m'ouvre à de nouvelles croyances et de nouvelles façons de faire les choses. J'abandonne les codes rigides de comportement que les autres utilisent comme modèles de vie.

La vie est remplie de toutes sortes de personnes intéressantes et d'expériences variées. Une quantité infinie de potentiels et de possibilités s'ouvrent devant moi et je m'ouvre devant ces dimensions. Au fur et à mesure que j'apprends à me faire confiance, je suis capable d'être flexible, adaptable et je résiste aux changements.

Aujourd'hui, je me débarrasse des habitudes démodées de pensées et de sentiments. Ma vie possède l'équilibre de structure et de spontanéité qui me permet de tenter l'expérience de nouvelles idées et de nouvelles situations. Ma vie exprime un esprit de flexibilité, accompagné de paix, de contentement et de bien-être.

LA PUISSANCE SUPRÊME

DIEU EST TOUJOURS AVEC MOI

Aujourd'hui, dans l'exécution de mes tâches, je sens la présence de Dieu. Si j'ai des courses à faire ou du travail à accomplir, ou si je suis affairé(e) à la maison, je suis conscient(e) de la présence de Dieu dans mon esprit et dans mon coeur. Je ne me sépare jamais de la présence protectrice de la Source Suprême. Cette omniprésence m'accompagne en tout temps, partout.

Il y a peut-être eu des moments dans ma vie où j'ai cru que Dieu m'avait abandonné(e). Peut-être que ma recherche des valeurs m'avait découragé(e) et désappointé(e).

Aujourd'hui, je sais que ma Puissance Suprême vit en moi. Lorsque je suis en quête d'assurance ou de protection, je me souviens que je ne peux jamais être où Dieu est absent. Quels que soient mes besoins, grands ou minimes, je peux me tourner vers ma Source Éternelle pour me venir en aide.

Aujourd'hui, je me sens protégé(e) entre les mains de Dieu. J'abandonne mes craintes et mon anxiété - je sens le bouclier de ma Puissance Suprême.

LES ILLUSIONS

JE NE SUIS PLUS DANS LA PRISON DES FAUSSES ILLUSIONS

Je n'ai plus l'intention de me décevoir, de réprimer mes impulsions vers la croissance. En refusant de changer, j'éloigne toute confrontation avec mes rêves et mes espoirs. En m'accrochant, j'élimine les risques d'échec et cela constitue un terrain fertile pour le déni.

Comme enfant, j'ai développé une grande tolérance pour les situations inopportunes. Il était plus sécuritaire de me retirer que de souffrir des conséquences possibles du rejet. Les résultats des illusions constituent un mécontentement qui subsiste. Afin de ne pas entrer en conflit avec mes sentiments, je me réfugie dans une paisible illusion. Je préférais croire que ma vie devait demeurer terne plutôt que de risquer une aventure vers le futur.

Aujourd'hui, je fonce en territoire émotif inconnu. J'examine mes relations, mon travail, ma famille et je prends des décisions fondées sur aujourd'hui. Le choix de demeurer ce que je suis est toujours un choix - mais au moins, je le fais en toute conscience.

L'ACCEPTATION DE SOI

PLUS JE M'ACCEPTE, PLUS JE DEVIENS UN CENTRE QUI RAYONNE D'ENCOURAGEMENT

Aujourd'hui, j'accorde l'encouragement à tous ceux qui m'entourent ainsi qu'à moi-même. La critique, le rejet et la crainte me décourageaient. Lorsque cela se produit maintenant, je réagis, je me défends et je me réfugie derrière un système de croyances personnelles qui justifie parfaitement tout ce que je fais. Le découragement est un mauvais souvenir du passé que j'enterre et que j'oublie.

Je me rappelle que la critique constitue l'un des instruments de couragement les plus puissants. La critique est une des principales méthodes pour ronger l'amour-propre. Cela veut donc dire qu'à titre de parent, je n'aide pas mes enfants lorsque je les ridiculise. Je n'aide personne à surmonter cette timidité en leur faisant honte.

Aujourd'hui, je pratique l'acceptation de soi et j'accepte les autres, en dépit de leurs imperfections. Cela ne veut pas dire que je suis obligé(e) de tolérer un comportement inacceptable, mais plutôt que je tente d'encourager les autres, dans la mesure du possible.

L'ACCOMPLISSEMEMENT

JE RECONNAIS MES TALENTS
ET CEUX DES AUTRES

Je mérite d'être apprécié(e) pour mes réalisations. Il en est de même pour les autres. Lorsque je sous-estime les accomplissements ou le travail des autres, cela veut généralement dire: une fausse confiance en moi-même, ou le besoin de gonfler mon ego. Il n'est pas nécessaire de m'élever en abaissant les autres avec malice.

Comme enfant, je n'ai jamais appris à reconnaître les talents des autres. Dans ma famille, on devait toujours être **Numéro Un** avant d'être reconnu.

Aujourd'hui, je sais que je n'ai pas besoin d'être la perfection même pour attirer l'appréciation des autres. J'accorde crédit aux autres pour leurs talents, leurs contributions et leurs réalisations -quel que soit leur niveau social ou leur position dans la vie.

Je me souviens que le respect mutuel est essentiel au bon fonctionnement de l'organisme ou d'une famille. Le succès doit être composé de tempéraments, de talents et de dons différents pour qu'un groupe ait du succès. Aujourd'hui, j'honore mes aptitudes et celles des autres.

LE PASSÉ

HIER N'EST PLUS -
J'ACCUEILLE CE JOUR

Aujourd'hui, je mets de l'ordre dans ma conscience et je rejette les vieux schémas, les vieilles blessures et les croyances erronées. Je ferme le livre sur la journée précédente et je canalise mes pensées sur aujourd'hui. Avec de nouvelles idées, de nouvelles sensations et de nouveaux modes de vie, je suis maintenant libre de foncer. J'ai déjà tout ce qu'il me faut pour y arriver.

Je deviens une personne plus efficace. Avec joie, je bannis de mon cerveau toute crainte et toute culpabilité. J'abandonne les idées usées, les émotions futiles, l'angoisse et l'incertitude qui ont toujours été des obstacles à mon rétablissement. Hier n'existe plus - je m'apprête donc à m'occuper d'aujourd'hui.

Mon rétablissement ne dépend pas de la résolution des problèmes d'hier. Ils ne sont importants que dans la mesure où ils s'appliquent aux choses d'aujourd'hui. Mon rétablissement se produit en ce moment.

Chaque jour représente un don de Dieu. Je respecte la bonté, la beauté et même la douleur que j'ai connues. Cependant, je concentre mes pensées et mes sentiments sur aujourd'hui.

LA CURIOSITÉ ET LA CRÉATIVITÉ

AUJOURD'HUI JE CÉLÈBRE
TOUS MES SENS

Thoreau disait: «Seul ce jour devient le crépuscule de notre éveil». Chaque jour vient et repart. La beauté de la vie se dissipe lorsque je vagabonde inconsciemment. Je me réjouis dans la pleine expérience de ce jour en éveillant mes sens.

Pour ce faire, je dois donner à mon enfant intime la permission de sortir de sa cachette. Quel plaisir c'était pour moi, lorsque j'étais enfant, de sentir les oranges lorsque je les pelais, de rouler un caramel dans ma bouche, de sentir le vent caresser mes joues lorsque je descendais une glissoire, de jouer avec les bulles dans un bain moussant!

Quelle perte énorme lorsque je ne m'accorde plus la joie de mes sens. Aujourd'hui, je me souviens que j'ai la possibilité de capter ces choses. La curiosité et la créativité que je possédais comme enfant demeurent toujours en moi.

Aujourd'hui, je me permets de poursuivre des activités qui réveillent mes sens. Que ce soit la danse, l'écriture, un jeu quelconque, ou être à l'écoute, je fête la merveilleuse créativité que je possède.

L'ORDRE NATUREL

JE REGARDE À L'EXTÉRIEUR DE MOI
ET JE ME RENDS COMPTE DE
LA BEAUTÉ QUI M'ENTOURE

Tout est en ordre. Je n'ai rien à faire en ce moment pour modifier l'univers. Au moment où je suis témoin de ce jour comblé de verdure, j'éprouve un sentiment de communion avec tout ce qui vit.

Qu'importe ce que je fais ou ne fais pas, les nuages continueront à flotter, le soleil continuera de luire et les étoiles maintiendront leur trajectoire. Lorsque la vie semble compliquée et désordonnée, je peux me tourner vers la nature et me sentir en sécurité en présence de l'Ordre Supérieur.

Tout comme les saisons se suivent, je dois faire de même avec les saisons de ma croissance. Cet été constitue un moment idéal pour réaliser mon potentiel et absorber tout ce que la vie a à m'offrir. L'air pur, le chant des oiseaux, la brise estivale qui caresse mon visage - c'est à moi, et bien plus.

En ce jour d'été, je me permets de m'épanouir. Au cours de cette saison, j'entends absorber des éléments nutritifs de toutes mes sources et profiter de tout ce qui s'amène à moi.

L'EXCELLENCE

AUJOURD'HUI, JE PENSE À CE QU'IL Y A DE MIEUX ET JE M'ATTIRE CE QU'IL Y A DE MIEUX

Tout comme je crois, je suis. J'ai entendu ces paroles maintes fois. Maintenant, je les utilise et je les vois devenir réelles dans ma vie. Je ne perds plus de temps à me condamner pour mes insuffisances ou à blâmer le passé pour mes échecs. Je suis disposé(e) à permettre au positif de s'exprimer dans ma vie et il n'y a que moi qui puisse l'accomplir. Nul ne peut le faire pour moi.

Mon rétablissement est un processus de découverte de la beauté réelle qui est profondément ancrée en moi. J'ai confiance que cette beauté est là et c'est avec détermination que ma recherche est couronnée de succès. Seul mon négativisme peut empêcher la lumière bienfaisante de s'infiltrer profondément en moi. Je peux m'avancer dans la lumière ou vivre dans le noirceur. En sachant que la lumière est la source de la vie et de la croissance, je m'avance vers elle.

Aujourd'hui, je m'attends à ce qu'il y a de mieux, donc j'obtiendrai ce qu'il y a de mieux. Dieu est avec moi, il me guide, me dirige vers l'illumination de mon rétablissement.

LE NOUVEAU JOUR

JE TENTE LES EXPÉRIENCES
QUE JE DÉSIRE

Comment me suis-je éveillé(e) ce matin? Avec un sentiment de lourdeur, en me demandant comment j'allais réussir à passer la journée? Ou me suis-je levé(e) en pleine forme pour affronter tout ce qui se présente, en ne m'attendant à rien d'autre que le meilleur de moi-même? Si mon réveil s'est fait dans le stress, je dois changer mon attitude **maintenant**. À aucun moment je ne penserai aux problèmes et aux dilemmes des jours précédents. Je n'ai aucun désir de traîner derrière moi les vieilleries, dans ce nouveau jour.

Je sens ce que je peux réussir ou gâcher ce jour, simplement par la façon dont je l'approche. En ce moment, je me réveille au fait que j'ai devant moi un libre choix et que je l'exerce consciemment. J'utilise ce jour avec soin, en sachant que le temps est précieux. J'ai perdu assez de temps à me blâmer, à m'imposer rigueur et remords.

Si je dois régler des problèmes, je m'ouvre à toutes les possibilités. Avec cette attitude, je trouverai l'aide nécessaire, possiblement devant moi. J'ai beaucoup à apprendre aujourd'hui et je suis disposé(e) à voir de merveilles choses s'offrir à moi.

L'INDÉPENDANCE

JE DÉCLARE MON INDÉPENDANCE ÉMOTIONNELLE ENVERS MES PARENTS

C'en est fini des valeurs et des attentes qui m'ont été imposées par mes parents. Le processus de déclaration de mon indépendance de ma famille se poursuit dans ma vie adulte. Aujourd'hui, je m'accorde la permission de me séparer émotivement de ma famille d'origine.

Il se peut que j'éprouve une certaine culpabilité en choisissant des valeurs et des croyances différentes de celles que j'ai héritées de mes parents. Il se peut que j'aie à me rassurer que je ne les «laisse pas tomber» en devenant adulte.

Choisir ma propre orientation constitue la tâche la plus importante que je puisse accomplir. Si je laisse la culpabilité entraver ma démarche, je devrai envisager la vie avec amertume, suffocation et un sens réduit de ma valeur personnelle.

Aujourd'hui, je déclare mon indépendance émotionnelle envers mes parents, avec amour et respect pour eux et pour moi-même. J'ai maintenant le courage et la sagesse de connaître les valeurs et les croyances qui me sont utiles et celles qui ne doivent plus faire partie de ma vie.

LE POUVOIR DE GUÉRISON

COMME RESSOURCE, JE RECONNAIS LE POUVOIR DE GUÉRISON CHEZ TOUS LES GENS

Parfois, l'énormité et la complexité de mon travail me donnent l'impression qu'il y a très peu que je puisse vraiment faire pour aider les autres. Je peux me sentir frustré(e) et accablé(e) par les problèmes des autres. Ce sentiment d'impuissance peut m'amener à prendre le contrôle.

En tant que personne ressource, je ne dois jamais m'éloigner du fait que je ne suis pas gourou, mais je peux catalyser. Il ne m'appartient pas d'offrir aux autres «Les réponses». Plutôt, je peux être une puissante source qui offre aux autres l'occasion de découvrir leurs propres solutions.

Lorsque j'impose mes croyances à mes clients, j'interromps le processus de croissance. Je peux et je dois accorder aux autres la dignité de leur propre découverte. S'ils ne sont pas d'accord ou décident d'avoir recours à des alternatives avec lesquelles je ne suis pas d'accord, je ne m'offusque aucunement de leur désobéissance.

Je crois en la beauté et la force inhérente chez tous les êtres humains et je ne suis pas sur le point de prétendre que je sais ce qui leur convient. J'agis plutôt comme modèle de décision, de force, de sécurité et de paix intérieure, ce qui crée une certaine réverbération chez ceux qui m'entourent.

L'ÉQUILIBRE

J'UTILISE MON ÉNERGIE
À BON ESCIENT

J'apprends comment canaliser mon énergie dans un but bien précis. J'ai quelque chose de spécial à transmettre à ce monde et je suis en train de découvrir les fondements de cette «spécialité». Je n'entends pas gaspiller mes énergies en voltigeant d'une activité à l'autre sans accomplir autre chose que des mouvements. Lorsque je papillonne, je me disperse et je sombre dans l'inconséquence.

Je sais où je vais et j'utilise mon énergie à bon escient. Je canalise mon attention sur ce qui doit être fait et je le fais bien, plutôt que de m'engager dans plusieurs activités et tout faire mal. L'équilibre et la discipline personnelle constituent les mots-clés en ce jour. Si je n'éprouve pas de bonheur à faire ce que je fais, si je n'ai pas la sensation de pouvoir donner le meilleur de moi-même, il est peut-être préférable de réduire mes activités et de découvrir exactement où je me situe, ou ce que j'ai à offrir. J'ai un don à offrir au monde et j'engage mes énergies dans les bonnes causes.

LE RAJEUNISSEMENT

AUJOURD'HUI, JE DÉCOUVRE DE NOUVELLES OCCASIONS

Je considère toutes les nouvelles situations comme des occasions d'aller vers une vie plus complète. J'accorde beaucoup de valeur à tous les gens avec lesquels j'entre en contact, comme les professeurs de survivance, avec volumes en mains, sourire et posture, qui détiennent toute l'histoire dans le creux de leur main.

J'explore mon monde - la vue, le son, le goût, l'odorat et le tissu de vie - les détails éblouissants qui m'échappent lorsque j'ai le cafard, vivotant de jour en jour dans une routine sécuritaire et stérile.

Aujourd'hui, je me débarrasse de mes craintes, de mon insécurité et je vivifie mes sens. Je ressens la fraîcheur du monde et je rajeunis. J'enlève mes oeillères et mes constrictions émotives. J'accrois ma vision avec vérité; plus je m'ouvre, plus j'affirme ma liberté; plus je suis honnête, plus je renforce mon rétablissement. Plus je suis conscient(e) des choses, plus mes réactions envers la vie s'accentuent.

Aujourd'hui, je fais confiance à mes possibilités de rajeunissement et je m'en réjouis. Je rejette les craintes et les doutes qui n'auraient pour effet que de me ralentir. Je défonce les bornes de mes habitudes et de ma routine viciée - je monte dans l'arène, vivifié(e) par la variété et la diversité. Je ressens l'extériorisation et la joie dans mon rajeunissement.

LE POUVOIR SPIRITUEL

AUJOURD'HUI, JE SÉPARE LE SPIRITUEL DU MATÉRIEL

Aujourd'hui, je m'accorde le temps de séparer les pouvoirs spirituels de mes tâches et de mes ambitions quotidiennes. Je permets à mes activités frénétiques de ralentir et à la tranquillité de se faire sentir.

Cette occasion me permettra d'accueillir avec intensité l'amour et la joie et je prendrai le temps d'apprécier ce que je suis. Je suis généralement trop occupé(e) pour apprécier. Je refuse de laisser mon travail, mon courrier, mes études, ma maison ou ma voiture me contrôler aujourd'hui. Je ressens la puissance, le contrôle et c'est moi qui serai en charge de ma vie.

Au moment où mes émotions feront surface, je les reconnaîtrai comme une facette de ma personnalité. Je les examinerai et leur permettrai de se manifester librement - je les sentirai vraiment.

L'objectif d'aujourd'hui c'est d'ÊTRE - et non d'AVOIR.

LE PARDON

AUJOURD'HUI, JE ME PARDONNE

Dans ma démarche vers un style de vie serein, j'ai besoin de faire amende honorable, non seulement envers les gens, mais envers moi-même. J'ai besoin de me pardonner pour tout le tort que je me suis fait à moi-même.

Je suis important(e)! Je mérite que mon esprit soit en paix. Le pardon permet à cette paix de se développer. L'acceptation de mes fautes est primordiale à mon rétablissement.

Aujourd'hui, je m'accorde le temps de méditer, de me bénir d'une manière réfléchie et de me pardonner. Je recommence à neuf et je m'introduis dans cette journée avec un peu plus de souplesse, de joie et de sérénité.

Je chasse de mon vocabulaire les «si seulement» - «Si seulement j'étais plus intelligent(e),» «Si seulement j'étais plus riche...» Je les remplace par «J'ai fait de mon mieux sur le moment.» «J'ai pris la bonne décision à ce moment-là .»

Je veux être paisible. Je veux me pardonner à tous les jours afin d'ouvrir les portes vers une relation plus stable avec ma Puissance Suprême et un mode de vie plus serein.

LA PUISSANCE SUPRÊME

AUJOURD'HUI, J'AI UN SENTIMENT DE PUISSANCE

Dieu répond aujourd'hui à tous mes besoins physiques, spirituels et mentaux. Au fur et à mesure que je prends conscience de mon rétablissement, je continue à recevoir les réponses que je cherche à tous les jours.

Aujourd'hui, je peux faire face à tous les problèmes qui se présentent. J'ai besoin de faire confiance à mon intuition et de me rendre compte que Dieu ne me donne rien qui dépasse mes possibilités. Ma Puissance Suprême me guide au cours de cette journée et me révèle toutes les significations qui me sont nécessaires présentement. Ce que je découvre aujourd'hui alimente mon esprit et ma force et me fait cheminer dans la bonne direction.

Aujourd'hui, je me sens puissant(e).

LA VOIX INTERIEURE

AUJOURD'HUI, J'ÉCOUTE MA VOIX INTERIEURE ET JE LA LAISSE ME GUIDER DANS LA BONNE DIRECTION

Ma voix intérieure m'offre toutes les réponses avec force et précision. Aujourd'hui, j'écoute le côté sage de mon être qui tente si souvent de me guider. Parfois, cette voix est ferme, parfois elle est douce, parfois elle se met à rire de mes interactions et de mes décisions.

J'ai confiance que mes mots intérieurs, guidés par ma nature spirituelle, continueront à m'indiquer le bon sentier. Même lorsque je ne suis pas porté(e) à écouter, ma voix intérieure continue à me diffuser des messages.

Aujourd'hui, j'écoute ma voix intérieure et j'entends prendre la bonne voie.

Ma vie dans une famille dysfonctionnelle a été chaotique, alarmant et déroutant. Ma voix intérieure m'aiguillonnait généralement - pourtant je choisissais souvent les actions contraires à mon côté sage.

Lorsque je suis à l'écoute de moi-même, je peux cheminer vers la sérénité. Dans mon for intérieur, je sais que la paix existe.

Aujourd'hui, je bénis ma voix intérieure!

LA MOTIVATION

AUJOURD'HUI, J'ENTREPRENDS UN CHANGEMENT ET J'EN REMETS LE DÉNOUEMENT ENTRE LES MAINS DE DIEU

Je suis la principale force de motivation dans ma vie. Un jour à la fois, j'entreprends des changements qui libèrent mes émotions et qui permettent à ma personnalité de s'épanouir. Je suis la vedette, sans être le réalisateur. Je me sens bien lorsque j'entreprends des changements dans ma vie.

En grandissant dans une famille dysfonctionnelle, j'ai souvent eu peur des changements. Cela m'apportait de l'incertitude, de l'insécurité et des douleurs émotives. Je me réfugiais dans le calme de la routine et des conventions. Maintenant, comme adulte en rétablissement, je me plais dans le changement, je provoque les changements sans crainte et je relève le défi qui m'aide dans mon rétablissement.

Je suis en paix avec mon monde intérieur ainsi qu'avec le monde extérieur, les gens et les circonstances. Les pensées et les actions émanent de moi avec puissance et connaissance.

Je suis la seule personne à savoir ce qui me convient. Les choix que je fais inspirent les actions que je choisis. C'est à moi d'agir. Ma Puissance Suprême guide mes décisions et m'aide à les exécuter.

LES DÉSAPPOINTEMENTS

JE CHANGE, UN JOUR À LA FOIS

Aujourd'hui, tous mes désappointements prennent une nouvelle signification. Plus je m'aventure et prends des risques en affaires, plus je m'engage dans une relation amoureuse, plus je m'intéresse à de nouveaux passe-temps, de nouvelles idées - moins j'ai peur des obstacles sur la route de mon rétablissement. Je sais que je peux les contourner, que je peux transformer tous mes désappointements en expériences bénéfiques d'apprentissage. Je fais aussi confiance à ma Puissance Suprême afin qu'elle me guide dans le labyrinthe de mes difficultés et qu'elle m'indique le droit chemin.

Dans ma famille d'origine, j'ai subi beaucoup de désappointements. Maintenant, dans mon rétablissement, les désappointements peuvent m'apprendre à réfléchir et m'inciter à persévérer dans l'exécution de mes plans et de mes projets.

Je refuse de laisser les obstacles entraver le cours de mon rétablissement. Je reconnais la puissance de mon être et je me fie à moi-même pour changer les choses. Je le fais... un jour à la fois.

LE PARTAGE

AUJOURD'HUI, JE PARTAGE
MA BONTÉ

Je continue à partager ma bonté et ma sagesse avec tous mes proches. Je n'offre plus de cadeaux par obligation. Je n'utilise plus de présents pour acheter l'amour. L'affection que je désire transmettre librement de personne à personne, est partagée généreusement de façon réciproque, sans ficelle, sans contrat en petits caractères, sans «aimez maintenant, payez plus tard.»

Je partage ma bonté avec les autres avec un soin et une appréciation sans condition. Je reconnais les moments importants et les événements spéciaux. Je les souligne par une note de gratitude ou l'expression de mon appréciation.

Sans tension, sans stress, je peux demeurer autonome et faire partie de la vie de ma famille et de mes amis.

J'offre un cadeau à une personne aujourd'hui parce que j'apprécie sa place dans ma vie.

LE FUTUR

JE ME PLAIS AUJOURD'HUI ET
J'AI HÂTE À DEMAIN

Aujourd'hui, je me fais entièrement confiance. Je ne vois que de bonnes choses dans mon futur. Toutes mes craintes font place à la liberté en moi.

La vie sera fascinante, en ce sens qu'elle me révèlera de nouvelles idées. Mieux je me connais, plus je suis disponible aux méthodes nouvelles et innovatrices. De grandes choses sont sur le point de s'offrir à moi. J'aimerai et on m'aimera, je serai entouré(e) de personnes qui me prêteront leur appui, je continuerai à choisir la voie qui me convient.

Je refuse de laisser l'alcoolisme de ma famille bloquer mon chemin. Je continue à préciser mes frontières, en acceptant mes émotions et en tenant compte des responsabilités que j'accepte.

J'ai confiance que le futur sera riche en manifestations de vigueur et en expériences enrichissantes.

LES RÊVERIES

AUJOURD'HUI, JE TROUVE
LE TEMPS DE RÊVER

Aujourd'hui, je m'accorde le temps de rêver. J'entrevois le film de mes objectifs et de mes aspirations. Je donne libre cours à mes fantaisies les plus bizarres. Je sais qu'elles se transforment parfois en réalités. Je sais aussi que mes pensées déterminent la route que j'ai choisie, les mots que j'utilise, les gens que je rencontre. Avec l'inspiration de cet intéressant potentiel de fantaisie et de rêves, je ne m'accorde que de merveilleuses pensées et j'explore les réactions face à la réalisation de mes rêves.

Dans mes rêves, j'abats les barrières et les constructions qui entravent le courant de mon imagination. Tous les fardeaux, toutes les craintes de nouveauté et de culpabilité pour «le temps perdu» se dissipent.

Le temps de rêver est un temps d'innovation et de fraîcheur. Je rejette le dénigrement et la critique et je convertis mes pensées en affirmations, en déclarations positives qui appuient mon rétablissement. Aujourd'hui, je m'accorde le temps de rêver, et j'accepte et j'admire mon imagination fertile.

LES ATTITUDES POSITIVES

AUJOURD'HUI, J'ADOPTE UNE ATTITUDE POSITIVE FACE À LA VIE

Aujourd'hui, la vie me semble positive, j'adopte une attitude qui me permettra de connaître la joie et de me tracer une route d'amour et de liberté. J'ai le pouvoir de modifier ma façon de penser. Je peux changer mes attitudes et c'est ce qui me donne ma liberté.

Ma liberté s'est perdue dans ma famille d'origine. Je suis resté(e) accroché(e) trop longtemps à mes pensées négatives et mon désespoir.

Aujourd'hui, dans mon rétablissement, je constate que les attitudes peuvent changer le schéma de mes pensées et m'offrir une démarche positive. Mes attitudes ne sont pas fixées indéfiniment; je peux les changer et cheminer, un jour à la fois.

Les attitudes que je choisis peuvent déterminer mon malaise ou mon bien-être. Elles peuvent m'inspirer l'espoir ou engendrer le désespoir.

Aujourd'hui, je convertis tout mon raisonnement malsain en pensées saines. Je fais l'expérience du bonheur du moment par ma nouvelle façon de penser.

LA SOLITUDE

JE PROCLAME MA LIBERTÉ

Aujourd'hui, je reconnais que je suis libre d'avoir des relations enrichissantes avec les gens. Je me libère de ma solitude, de mon vide et de ma dépression. Je fais face à ma solitude et je m'en libère.

J'ouvre mes pensées et mon coeur à la lueur du jour. Je choisis les bonnes personnes comme compagnons et compagnes et nous partagerons les moments de ce jour, ensemble, avec amour et bonté. Nos paroles transmettront notre respect mutuel et notre intimité et, sans effort, nous communiquerons par la voix, le toucher, le sourire et les gestes.

Je me libère complètement de ma prison de solitude et de mes sentiments d'isolement, mais j'apprécie toutefois la solitude qui me met en communication avec ma sagesse.

Je peux être seul(e) sans me sentir seul(e).

En ce jour, je proclame ma liberté et j'apprécie les personnes attentionnées dans ma vie.

LES DÉCISIONS

JE SUIS À L'AISE AVEC
MES DÉCISIONS

Aujourd'hui, je me concentre sur mes pensées et je me sens confortable avec mes décisions. Je m'accepte et je sens que j'en vaux la peine. Mon acceptation de Moi et ma valeur personnelle ne sont pas fondées sur les opinions des autres. Je crée mon propre sens du Moi et je le fais avec la pleine connaissance que je suis une personne valable, que je peux penser positivement et prendre les bonnes décisions.

Je ne demande pas: «Qu'en pensera un tel, une telle?» Plutôt, je me parle, je me dis: «Qu'est-ce que je pense? Qu'est-ce que je veux?» Lorsque je demande l'avis d'une autre personne, je le fais en sachant que c'est moi qui prendrai la décision finale. Lorsque je tente de plaire à tous les gens, je finis par ne plaire à personne, pas même à moi.

Aujourd'hui, je suis conscient(e) de toutes les petites décisions que je prends et je les considère bonnes. Je suis à l'aise, puisque je sais que je fais de mon mieux.

LA RELAXATION

AUJOURD'HUI, JE ME RÉSERVE DIX MINUTES

Aujourd'hui, je me retire de ma routine quotidienne. Je fais un effort sincère pour me séparer de mon travail, de mon stress et de mes tensions. Je m'accorde un peu de temps libre - à ne rien faire, à contempler de nouveaux horizons, à m'offrir quelque chose de spécial.

Dans ma famille d'origine, je ne semblais jamais m'écarter de mon stress. C'était mon devoir d'être prêt(e) à faire face à toute urgence. Mon stress ne prenait jamais de repos.

Maintenant, je peux m'accorder un peu de temps. Je peux partir aujourd'hui et explorer de nouvelles pensées; m'accorder des moments de repos, de nouvelles prières de santé et de guérison.

Aujourd'hui, je me réserve dix minutes pour la lecture, pour la méditation ou tout simplement pour le repos. Prendre un temps d'arrêt me permet de contrôler ma destinée et ma raison d'être.

LES MIRACLES

AUJOURD'HUI, JE RECONNAIS
LES MIRACLES

Aujourd'hui, je suis conscient(e) du sens mystique d'émerveillement que Dieu crée dans mon âme. Je suis conscient(e) des nuages et des brises subtiles. Je vois la vie qui s'épanouit autour de moi et je me rappelle sans cesse que chaque jour constitue véritablement un nouveau miracle.

Je traite chaque jour comme un nouveau commencement - un nouveau départ - avec le potentiel de joies, d'appréciation et de miracles renouvelés. À la fin de la journée, lorsque les étoiles scintillent dans le ciel, je fais un bref inventaire de mes connaissances et expériences nouvelles au cours des dernières vingt-quatre heures. Elles font partie des miracles de demain.

Je grandis continuellement et je change en explorant ce sens d'émerveillement créé par Dieu afin de m'indiquer le chemin.

LA CONFIANCE EN SOI

MES PENSÉES SONT IMPORTANTES

Mes pensées m'indiquent le bon chemin. Je leur fais confiance et les considère puissantes et véridiques aujourd'hui. Mon cerveau est actif et il me fournit les pensées qui seront guidées par ma Puissance Suprême.

Ce que je décide de penser peut avoir l'air de rêves qui se réalisent. Je choisis des idées fortes et puissantes et qui ne sont pas terrassées par de lourds sentiments. Je suis conscient(e) de cette puissance qui me permet de choisir mes pensées et d'apaiser mes sentiments.

Dans ma famille d'origine, je ne considérais pas ma pensée assez valable pour prendre des décisions. Je suis devenu(e) indécis(e) avec la conviction que mes idées étaient sans valeur.

Aujourd'hui, j'apprécie mes pensées et je reconnais la richesse de mes idées. Je me dirige dans la bonne direction.

LE PARDON

AUJOURD'HUI, JE PARDONNE - JE SUIS LIBRE

Aujourd'hui, je pardonne à tous les gens envers qui j'éprouve de l'amertume et je me chemine vers une nouvelle liberté. Cette affliction bloque mon énergie et entrave mon esprit. La colère qui bouillonne en moi affecte ma façon de penser, mes émotions et mon bien-être physique.

Aujourd'hui, je me concentre sur le pardon. Je refuse de laisser la colère et mon indisposition prendre le contrôle. Je refuse d'être aveuglé(e) par mon intensité émotive et d'être isolé(e) de ma puissance véritable.

Aujourd'hui, je me débarrasse de ma colère et de mon amertume et je recouvre mes esprits en pardonnant à tous les gens qui me déplaisent. Je ne désire plus transporter mon agressivité comme un excès de bagage dans mon voyage vers le rétablissement.

LA PAIX

AUJOURD'HUI, JE ME SENS EN PAIX

Dans mon for intérieur, je ressens une paix imperturbable qui constitue la racine de ma spiritualité. Elle encadre et reflète mon point de vue sur le monde. Elle me permet de faire confiance sans crainte à mon intuition. Elle représente une pure tranquillité.

Ma spiritualité est puissante, positive et bien vivante. L'amour rayonne de mon for intérieur et brille sur tous ceux avec qui j'entre en contact. Aujourd'hui, je ne ressens aucun conflit, aucune responsabilité pour les pensées et les sentiments des autres. Bien centrées et composées, mes limites sont précises et j'entends pardonner.

La paix absolue dégage le stress et me permet de vivre en toute sérénité ce qui vient à moi aujourd'hui.

LA RECONNAISSANCE

JE SUIS RECONNAISSANT(E) D'ÊTRE EN VIE ET JE ME RÉJOUIS DEVANT LA VIE

Aujourd'hui, je me réjouis d'être en vie, je suis reconnaissant(e) de faire partie de ce monde. À tous les jours maintenant, au cours de mon rétablissement, je peux célébrer mon existence. J'ai un but; j'ai de l'importance, j'ai ma place dans la communauté. Je m'entoure de gens qui m'estiment. Ma Puissance Suprême continue à me guider et me rappelle mon droit d'être ici, maintenant.

J'ai une mission dans cette vie et je fais des démarches quotidiennes pour l'accomplir. Ma présence est essentielle, on la ressent. Il est difficile d'être reconnaissant lorsqu'on désapprouve un événement douloureux et que l'on se sent continuellement affecté par son dénouement. Je ne suis responsable que d'une partie des tâches quotidiennes de la vie. Je peux continuer à faire des choix et à apporter des changements sur ma route afin de poursuivre dans une direction positive.

Je suis important(e)! Mes idées et mes sentiments comptent et on a besoin de moi! Je continue à célébrer mon existence.

LE RIRE

JE DÉGAGE UNE PASSION POUR LA JOIE

Je proclame les qualités thérapeutiques du rire et, chaque jour, je suis capable de voir les moments drôles de la vie, les farces, les lapsus et les pointes d'ironie.

Je peux sourire, je peux rire de mes prétentions. Je peux être frivole, m'adonner à des bouffonneries et marcher comme un canard.

Le rire fonctionne comme M. Net pour nettoyer l'accumulation de peines dans la tuyauterie émotionnelle. Le rire draine le corps de ses tensions et le laisse mou comme un brin de spaghetti bouilli.

Parfois, la tristesse, la douleur intense et la colère étouffent la gaieté et rendent la vie terne, sans humour.

Mais j'ai de la résistance et j'ai le pouvoir de commander un sourire et d'apprécier l'incongruité amusante qui se manifeste à tous les jours. Je peux me permettre de pousser de petits rires devant une chose fantasque et ridicule.

Aujourd'hui, j'ouvre mon esprit à l'hilarité et je laisse mon sourire transmettre sa passion des délices.

L'INDIVIDUALITÉ

JE NE CONTRÔLE PAS LES ÊTRES QUI ME SONT CHERS

Aujourd'hui, j'aime mon individualité et je respecte celle des autres. Je ne contrôle pas les êtres qui me sont chers, ni n'accepte la responsabilité de leurs actions ou de leurs paroles. J'ai tenté trop souvent par le passé de contrôler le comportement des codépendants, en offrant continuellement des excuses afin de cacher leur comportement gênant, leurs bévues, leurs excès et leur manque de responsabilité. Plutôt que de ressentir ma propre individualité, je me sentais responsable des actions des codépendants.

J'entends être fort(e) aujourd'hui et me concentrer sur le maintien de ma propre personne. Je n'accepte aucune responsabilité pour les actions ou les émotions d'une autre personne.

Ainsi, je pourrai me détacher émotivement du stress des autres. J'accepte mon manque de puissance sur les autres. Je m'accepte et j'accepte les autres dans leur propre individualité.

Aujourd'hui, j'apprécie mon individualité.

LE DÉSAPPOINTEMENT

AUJOURD'HUI, J'ABANDONNE MES BLESSURES LES PLUS PROFONDES

Aujourd'hui, je découvre une façon de me dégager de mes peines les plus profondes, de sorte qu'elles n'entrent plus en conflit avec mon esprit. Souvent les blessures me retiennent et bloquent ma voie. J'ai besoin de reconnaître ces blessures, de les ressentir et ensuite, de découvrir la façon de m'en guérir. La mémoire n'oublie jamais, mais ma réaction à la blessure peut changer. Pleurer la douleur représente une partie importante du rétablissement. La colère, la tristesse et l'acceptation sont des étapes que nous vivons lorsque la blessure est profonde.

Au moment où je grandissais, je ressentais souvent des blessures et des désappointements. J'essayais de tenter de nouvelles expériences et je me promettais sans cesse que jamais plus je ne laisserais quelqu'un me faire mal. Je permettais à mon esprit d'encaisser les coups.

Aujourd'hui, je commence à accepter mes blessures et je fais les efforts nécessaires pour laisser mon esprit jaillir avec une nouvelle vitalité.

LE SUCCÈS

AUJOURD'HUI, JE RASSEMBLE MES SUCCÈS ET JE M'EN RÉJOUIS

Aujourd'hui, je contemple mes succès et je ferme le livre sur mes désappointements et mes échecs. Il n'y a plus de place maintenant pour ces éléments dans ma vie. Je me rends compte qu'accumuler ces problèmes m'accable, m'empêche d'avancer et me fatigue. C'est un peu comme porter des poids au bout de mes membres... Mais lorsque je les enlève, que je jette de côté mes échecs pour contempler mes succès, je me sens plein(e) d'énergie.

C'est vrai, comme enfant, on me rappelait souvent que je décevais les gens de plusieurs façons, que je ne répondais pas aux attentes de ma famille d'origine; mais maintenant, au moment de mon rétablissement, je suis certain(e) que j'ai fait de mon mieux.

J'apprends avec confiance les talents qui m'aident à survivre. Si j'ai peur de l'eau, j'apprends à nager; si je me sens faible, je découvre ce qui m'aide. Si je me sens seul(e), je me mets à la recherche de nouveaux amis.

Je m'entoure de mes succès et je les apprécie.

LA SPONTANÉITÉ

J'ENLÈVE MON MASQUE AUJOURD'HUI ET JE RÉVÈLE MON VRAI MOI

Je me suis souvent présenté(e) incognito, devant les autres, sous un déguisement sécuritaire. Et maintenant, je vois le danger dans cette attitude, le risque que je me déguise devant moi-même, que je me camoufle derrière un sourire mince et plaisant et un verbiage superficiel. En faisant cela, ma vie devient une contrefaçon pour les autres et pour moi-même.

J'enlève mes masques aujourd'hui, parce que la mascarade draine mon énergie et provoque en moi tension et appréhension. Je prends de longues respirations et je plonge. Je peux être Moi, le vrai Moi, avec ma spontanéité, sans déguisement, sans masque.

J'accepte ce que je suis: non pas une entité rigide de carton-pâte, mais une personne qui a de multiples émotions, une personne de volonté, de talent et d'énergie, une personne d'intégrité et de flexibilité.

Aujourd'hui, je peux être moi-même, librement, de façon authentique et sans prétention.

LES DÉSIRS

AUJOURD'HUI, J'ACCEPTE
TOUS MES DÉSIRS

Sans désir, aucune croissance ne serait possible. Ma faculté de désirer constitue la base même de ma vie. Plus mes désirs sont puissants, plus je les comprends clairement, plus mes actions deviennent efficaces.

Je n'ai aucune honte d'avoir des désirs qui ne sont pas appropriés, qui sont destructifs ou inacceptables. En me privant de mes désirs négatifs, je fais taire «l'enfant espiègle» qui réside en moi et qui a besoin d'être accepté. Je peux accepter tous mes désirs sans y donner suite pour me punir d'avoir osé rêver.

Aujourd'hui, je laisse mes rêves et mes désirs faire surface. Je ne m'expose à aucune critique ni ne m'empêche de laisser couler mon imagination. J'apprends l'acceptation de moi-même et je relâche l'emprise de mes désirs.

L'HARMONIE

MES VISIONS INTÉRIEURES ET EXTÉRIEURES SONT PRÉCISES - LA CONFUSION EST DISPARUE

Le crépuscule du matin dissipe la buée de la confusion. Mon rétablissement élimine le brouillard de mon incertitude, de mes pensées, de mes sentiments et de mes besoins. La confusion est la cape portée par les membres d'une famille dysfonctionnelle.

Aujourd'hui, je rejette ce vêtement et je laisse l'incertitude derrière moi. Je peux avoir l'assurance absolue de mes besoins et je fais confiance à mes sentiments pour m'aider à les déceler. Au fur et à mesure que la confusion disparaît, j'avance avec assurance et confiance. Ma vision n'est plus obstruée, je n'ai donc plus à marcher sur de faux espoirs, sur des rêves brisés. Les obstacles ne sont pas placés devant moi pour me menacer. Au contraire, ma vision est précise; le sentier devant moi bien éclairé, je vois ma destinée et j'avance avec certitude, en paix et avec confiance.

L'EXTASE

JE SUIS LIBRE D'AIMER, DE RIRE, DE PLEURER OU DE JOUER

Je m'abandonne à l'extase aujourd'hui. J'abandonne mes retenues sur le jeu, l'amour, le rire et les larmes. Je ressens une certaine joie à me laisser aller, le plaisir de me soumettre à l'extase.

En abandonnant le besoin de contrôler, cela ne veut pas dire que je doive adopter une attitude destructive ou abusive, mais plutôt que je m'en remette à l'expérience du moment. Je me permets d'être emporté(e) par une vague de pures délices quant à mon expérience, en sachant que je me retrouverai en sécurité sur la berge.

Je peux toujours m'enfuir des vagues avec l'illusion que je serai en sécurité. Ou, je peux les combattre avec vigueur et m'accrocher à la croyance que je peux gagner. Mais pendant que je lutte et que je suis en sécurité, je me refuse l'un des festins de la vie - l'expérience exquise de la capitulation.

Je refuse de tomber dans une sombre fosse sans fond, par l'abandon du moment. Ce trou béant, c'est ma peur, et je peux y faire face.

Aujourd'hui, je me laisse aller à la joie, en sachant que ma Source Suprême m'accompagne.

LES CHOIX

AUJOURD'HUI, JE ME RÉGALE
AU FESTIN DE LA VIE

J'ai un choix à faire: la vie peut se manifester sous la forme d'un dîner avec cinq services, dont chacun est délicieux, coloré, substantiel; ou, la vie peut être une diète rigide de bouffe rapide - qui me satisfait temporairement, mais me laisse toujours en appétit.

Afin de participer à ce banquet, je dois prévoir un changement et développer mon goût pour de nouveaux mets. Il se peut que je n'aime pas tout ce que je goûte, mais je me réjouis de l'expérience de la fête.

Je ne suis plus un enfant qui doit tout manger, que ce soit bon ou non. Je suis adulte. Non seulement je peux choisir ce que je veux manger, mais je peux quitter la table. Tout comme le bénédicité avant le repas, que j'aime ou non ce que l'on me sert, je peux reconnaître et apprécier les choix qui me sont offerts.

Je n'abuse pas des bonnes choses ni ne me prive. Avec le courage d'expérimenter et ma capacité d'être plein(e) d'esprit, je participe àcette fête de la vie.

LA MISE AU POINT

MES CROYANCES ET MA FOI
SONT CONSTANTES

Comment puis-je découvrir ma propre force? Ma puissance personnelle est comme un commutateur. À moins de mettre mon doigt sur le bouton et de l'actionner, je demeure dans la noirceur. La lumière était à ma disposition, mais je dois faire ma part et laisser passer le courant. Il en est de même avec mes pouvoirs.

Je dois utiliser mes forces, sinon elles se flétrissent. Je dois avoir confiance en moi. Je dois faire fonctionner ma foi. Je ne peux connaître l'immensité de l'émerveillement et de la gloire de la vie seulement en en parlant, ou en lisant ce qu'on en dit. Je ne peux me fier à la force d'un autre ou vivre par la foi d'un autre - je dois la vivre moi-même.

Tout est possible lorsque mes croyances sont fortes. Ma foi en moi augmentera lorsque j'aurai appris à l'afficher et à vivre en fonction de ses règles. Je n'ai pas à me demander où est ma puissance, d'où elle provient - elle est là qui attend que je l'allume ou que je l'utilise.

Aujourd'hui, je pratique ma foi. J'allume ma puissance personnelle et je l'utilise dans ma vie quotidienne.

L'APPRÉCIATION

J'AFFICHE MON APPRÉCIATION ENVERS LES AUTRES DE LA MÊME FAÇON QUE JE M'APPRÉCIE

Tous les gens que je connais ont besoin d'être appréciés et il en est même pour moi de la part de tous les gens que je connais. Les capacités de louanger et d'apprécier sont des qualités spirituelles que je dois nourrir par un raisonnement précis sur moi-même et sur les autres.

Les foyers minés par l'alcool sont experts dans la découverte d'erreurs, de bévues et de stupidité au sein de ses membres. Cette forme de dépréciation anéantit l'amour et la joie. Graduellement, par le biais de mon rétablissement, j'apprends à avoir une bonne impression de moi, des êtres qui me sont chers et de mes amis.

Aujourd'hui, je pense aux personnes que j'apprécie et je leur en fais part. Elles éclairent mon chemin. Leur foi en moi augmente ma foi en Moi. En ce moment, je m'apprécie au plus haut point et j'apprécie ceux qui m'ont aidé(e) tout au long de ma route.

L'ÉQUILIBRE ET L'HARMONIE

J'ORCHESTRE MA VIE ET JE CRÉE EN MOI L'ÉQUILIBRE ET L'HARMONIE

Aujourd'hui, je suis au pupitre, je lève ma baguette et je dirige mon orchestre. J'ai le sens de l'organisation, de discipline et de la créativité flexible et ces éléments se manifestent librement. Je connais bien des partitions, je chante et ... je suis la chanson.

Jadis, ma vie était un amas de fausses notes mal alignées, sans diapason, dans une cacophonie. Il y avait beaucoup de chefs d'orchestre - mes parents, mes enseignants, et autres qui prétendaient connaître ce qui me convenait. Leurs voix se faisaient la concurrence pour obtenir mon attention comme une ribambelle de prima donna dont chacune n'était intéressée que par le son d'un seul instrument - le leur, leur cor, leur violon ou leur voix.

Un cor ne peut concurrencer un violon et produire la même merveilleuse sonorité. Les instruments à vent et à cordes doivent s'unir afin de produire une agréable harmonie.

J'orchestre ma créativité, ma spiritualité, mon bien-être physique, ma sexualité et mes émotions. Avec persévérance et discipline, je crée l'équilibre et l'harmonie dans ma vie.

LA CONCLUSION

J'EXPRIME DIRECTEMENT
MES ÉMOTIONS

Mon corps est spécial, je ne manifeste aucunement mes conflits intérieurs en critiquant l'aspect de mon corps. Si il existe en moi un conflit entre la féminité et le pouvoir ou la masculinité et le pouvoir, je refuse d'utiliser mon corps comme champ de bataille psychologique.

C'est au moment où je manque de précision, où je me laisse aller à la colère ou à la déprime, je peux devenir trop rigide envers moi-même. À ce moment là, je peux regarder mon image physique avec dédain. Lorsque cela se produit, je manque de tolérance envers mon poids, ma taille, ma présence physique. Peut-être que ma haine envers moi et mes conflits intérieurs m'imposent une diète exagérée.

Au moment où je lis cette affirmation, je deviens conscient(e) que mon corps n'est pas la cause du conflit intérieure que je ressens. Comme je la réalise, je cesse d'abuser ou de négliger mon corps afin de résoudre mes problèmes intérieures. J'apprends plutôt à exprimer ma condition émotionnelle directement et de façon articulée, et je cesse de m'infliger des punitions.

LA CONFIANCE

AUJOURD'HUI, JE CRÉE UNE NOUVELLE GÉNÉRATION DE PENSÉES, D'ÉMOTIONS ET DE CROYANCES

Aujourd'hui, je vois ma vie comme un tableau noir et je peux écrire ce qui me plaît sur l'ardoise de ma vie. Je choisis mes pensées avec minutie et j'efface celles qui me privent de joie et de paix, de santé et de prospérité. Je les éloigne avec affection et je les remplace par des pensées enrichissantes, productives et créatives.

Je ne suis plus ce que j'ai effacé. Je suis ce que j'ai maintenant décidé d'écrire consciemment. Je deviens ce que j'ai choisi d'être. On ne me déjoue plus avec des croyances archaïques qui m'ont été transmises par ma famille d'origine.

Je crée une nouvelle génération de pensées et de comportements propices à ma croissance. Je consacre le moment présent à décider des pensées dont je veux me départir et celles que je veux créer. Ce faisant, je commence à contrôler ma vie.

Je m'amène dans cette journée avec une confiance renouvelée en ma capacité de me changer.

LA FOI

AUJOURD'HUI,
JE NOURRIS MA FOI

On doit restaurer sa foi à tous les jours! Nous vivons un jour à la fois, un moment à la fois. Le secret d'une foi véritable repose sur la méditation, la pensée et la prière.

La foi, c'est la croyance. Aujourd'hui, je renouvelle ma croyance en une puissance spirituelle; ma confiance en ma Puissance Suprême.

Afin de maintenir ma foi et d'accroître ma croyance, je change lentement toutes mes pensées et mes réactions négatives en pensées affirmatives qui peuvent accélérer mon rétablissement.

Avec ma foi, je vaincs la peur; j'ai la force de survivre aux grands moments de tristesse et de désolation et, à travers la confusion, je découvre le chemin.

Mon rétablissement est le témoignage de ma foi en moi et en ma Puissance Suprême. Ma foi est le résultat de ma confiance, de mon amour et de mon abandon.

LA PRISE DE CONSCIENCE

JE VIS ET JE M'OUVRE
AU MONDE

Aujourd'hui, je me réveille devant un monde de choix. Je me débarrasse des vieux bagages d'hier. Chaque situation m'offre de nouvelles occasions de combler mon monde d'une nouvelle façon d'être. Mes yeux sont ouverts, ma respiration est constante, mes oreilles sont syntonisées à la précision. Je dis ce que je pense et je «choisis la vie» au fur et à mesure que j'avance dans la journée.

Lorsque j'ai une sensation de lourdeur ou de négativisme face à la vie, je me rappelle que j'ai des choix: je peux changer mes idées et ma perception.

Je m'assois paisiblement et je respire lentement. J'imagine que je suis l'auteur(e) de ma vie. Je dissipe le gris et je m'ouvre aux couleurs qui me rafraîchissent. À chaque bouffée d'air, à chaque expiration, j'abandonne l'amertume et l'indécision. À chaque respiration, j'accueille une nouvelle vie, une énergie vitale.

Aujourd'hui, je vis et je m'ouvre à la vie sous sa plus pure expression.

LE RÉTABLISSEMENT

JE TRANSFORME LE DÉSORDRE
EN BON ORDRE

Comment puis-je remettre en place les blocs de ma vie? Que faire avec les pièces de moi qui sont déformées, celles qui sont vieilles, usées et en loques?

Le rétablissement, c'est l'art de restaurer l'ordre dans le désordre. Une personne qui fabrique de magnifiques courtepointes cherche différentes formes de tissu et les assemble pour en faire une oeuvre d'art. L'artisan(e) n'utilise pas toutes les pièces ni ne jette les morceaux déformés, mais procède plutôt à un examen méticuleux afin de déterminer comment chaque configuration peut rehausser la beauté globale de son travail.

Comme enfant d'un parent codépendant, je perds patience avec mon propre processus de guérison. Je veux me débarrasser des vieilles pièces de moi-même... MAINTENANT. Je veux rejeter immédiatement toute pièce imparfaite.

J'ai une leçon à tirer de l'artisan(e): Il me faut examiner toutes les pièces de moi avant de prendre la décision de «conserver» ou de «jeter.» Je ne peux travailler qu'avec ce que je suis. Il n'est pas nécessaire que je me déchire en lambeaux et que je recommence.

Avec amour et patience, j'apprends à mettre de l'ordre dans mon désordre personnel - une oeuvre d'art en devenir.

LES RELATIONS

JE M'ENTOURE DE GENS QUI ME RESPECTENT ET QUI ME TRAITENT BIEN

Je n'ai plus besoin de maintenir des relations abusives. Au cours de ma croissance, j'attire les gens qui m'aiment pour ce que je suis.

Je n'ai plus besoin de me cacher, de renier mes sentiments, de maquiller mes pensées et mes croyances. Je n'entends plus tolérer les gens qui m'abaissent, me manipulent ou m'humilient. Je m'entoure de gens qui m'aiment et me respectent de façon continue.

Aujourd'hui, je suis à la recherche d'humains qui peuvent partager avec moi leur totalité, avec l'entière confiance qu'ils me respectent pour ce que je suis, et rien de plus.

Aujourd'hui, j'ai le courage de mettre fin aux relations avec les gens qui me critiquent ou qui ne m'acceptent pas. Mon monde est peuplé de gens qui se respectent et qui reflètent le respect et la considération.

LA CONFIANCE EN SOI

J'AI CONFIANCE EN MA DESTINÉE ET J'AI CONFIANCE EN MOI

Bien souvent, j'ai désiré, j'ai prié pour des choses qui ne m'ont pas été accordées, mais mes souhaits ne sont jamais vains. Peut-être que les choses n'ont pas changé de la façon dont j'aurais aimé, mais j'ai toujours changé.

Il y a toujours certains changements qui sont provoqués parce que je le veux vraiment. Parfois, ils sont dans la nature des choses, parfois, le changement est dans l'essence du Moi.

Bien souvent, le désappointement apporte de nouvelles découvertes. Colomb était désappointé dans sa recherche des Indes, mais il a découvert un nouveau monde! Moi aussi, j'ai eu mes désappointements et j'ai découvert de nouveaux mondes dans mon for intérieur.

Le fait d'être l'enfant d'une personne codépendante m'a apporté ma part de souffrances, mais par cette destinée, j'en suis venu(e) à un niveau de prise de conscience qui aurait peut-être été impossible autrement.

Tous les humains suivent le sentier de la découverte personnelle. Nul ne peut voir la fin du sentier ni connaître ses méandres. Aujourd'hui, je reconnais que ma vie représente beaucoup plus que ce que j'ai le pouvoir d'imaginer ou de prévoir.

LA FORCE INTÉRIEURE

JE METS À L'ÉPREUVE MA FORCE INTÉRIEURE

Aujourd'hui, j'étudie la vie et je mets à l'épreuve ma force intérieure. Je ne me condamne aucunement pour mon insuffisance, mes erreurs, mes fautes ou mes manques. Ma force intérieure me permet de me concentrer sur ma beauté, ma vertu et ma bonté.

Aujourd'hui, je mets à l'épreuve ma force intérieure en voyant le côté positif de chaque personne que je rencontre; j'entends aussi étendre ma vision et porter attention aux beautés de la nature. Avec l'aide de ma Puissance Suprême, je m'attire ce qu'il y a de mieux et je ne m'attends à rien de moins. Je vois ce qu'il y a de mieux et je me concentre sur mes plus belles qualités.

J'ai fait du chemin tout au long de mon voyage et je suis encore étudiant(e) - avec une ouverture sur les nouvelles connaissances, au fur et àmesure que ma connaissance de moi et des autres augmente.

LES PARTENAIRES

JE SUIS LIBRE DE TROUVER DES PARTENAIRES AVEC LESQUELS JE POURRAI PARTAGER MON VOYAGE

Je cherche des partenaires dans ma famille, chez mes amis et chez mes amants(es). J'ai grandi dans un climat de solitude - isolé(e) et oublié(e). Il n'était pas normal que je vive cet isolement, pourtant, c'était le cas dans ma famille d'origine.

En cherchant un(e) partenaire, je connais la joie d'appartenance, l'extase de l'attention mutuelle.

Tendre la main, effleurer la main de l'autre, écouter et communiquer - la liberté totale du Moi. Je ressens l'appui et le réconfort de mes compagnons et compagnes, de mes âmes-soeurs, au cours de mon voyage dans la vie.

LES SOUVENIRS MARQUANTS

LES SOUVENIRS DE MES BIEN-AIMÉS SONT POSITIFS

Aujourd'hui, j'ai la possibilité de faire revivre en moi le souvenir de mes bien-aimés. Quelques-unes de ces personnes chères sont décédées. Aujourd'hui, je me souviens de leurs attributs, de leur présence. La tristesse gonfle mes yeux et j'ai un sentiment de perte et de rupture. Il est parfois difficile d'accepter les adieux.

Lorsque j'arrive à une impasse, j'ai besoin de penser à ma bonne fortune d'avoir pu passer de si bons moments avec mes amis, avec les membres de ma famille. Dieu m'a accordé le temps nécessaire avec des êtres chers, de sorte que leurs impressions vivront en moi pour toujours.

Je vous remercie, mon Dieu, de m'avoir permis de capter quelques parcelles de mon passé - de faire de ma vie une aventure aussi riche en expériences. Aujourd'hui, il m'est possible de puiser dans des souvenirs positifs de gens que j'ai aimés.

LE RESPECT DE SOI

JE ME RESPECTE

Aujourd'hui, j'entends m'entourer de douceur et centrer mes énergies sur mon amitié avec moi. Je me rappelle que je peux m'approcher de la destruction en abandonnant ma puissance. Avec la menace d'un conflit nucléaire, de guerres entre les nations, il me faut changer mes attitudes et m'entourer de paix intérieure.

Dans ma famille dysfonctionnelle, les conflits faisaient toujours partie du décor. On vivait toujours la présence de conflits, de mots déplaisants, de colère et de blâmes. Aujourd'hui, je me dis «jamais plus!» Finies les altercations. Finis les arguments. Fini le blâme. Pour moi, je préfère l'acceptation, la reconnaissance et la paix.

Aujourd'hui, je me parle avec respect. Je me rends compte de mes attributs et je m'oriente vers une direction saine. Je me dirige vers la sérénité et je la partage avec les autres.

LE CALME

AUJOURD'HUI, JE SUIS CALME ET EN PAIX AVEC MOI-MÊME

Aujourd'hui, mon objectif est de me défaire du stress dans l'horaire quotidien de ma vie. J'ai réduit consciemment mon rythme, mes pensées, et je modifie mes perceptions. Calmement et avec grâce, je fais face à tout ce qui me confronte.

Les gens, les événements, les enfants et les projets vont m'étouffer, m'accabler, si je leur donne la chance. Je dois identifier avec réalisme mes limites. La seule personne qui puisse m'affaiblir, c'est moi.

Au moment où je prends charge de mon orientation et de mes frontières, et que je les définis, je trouve une certaine puissance. Une nouvelle énergie jaillit en moi. Je respire de l'air frais, je me débarrasse de la nervosité, de la crainte et de l'oppression. Je me sens calme et capable au moment où je réduis mes activités et respecte mes limites.

LE BUT

AU COURS DE MON VOYAGE

J'ai un but sur terre et je continue de renforcer mon orientation. Parfois, la confusion s'en mêle et je patauge en cherchant mes points cardinaux. Lorsque je m'accorde le temps de penser que ma Puissance Supérieure guide mon voyage, je me sens tranquille et en paix.

Bien souvent, dans ma famille d'origine, mes énergies étaient bloquées par mon incapacité de me dissocier des émotions des autres. Dans ma famille d'origine, je sentais mes nerfs à fleur de peau, j'avais peur et l'anxiété s'emparait de moi. En grandissant, j'ai commencé à accepter les sentiments des autres comme s'ils étaient les miens. Je ressentais toute la fatigue d'une personne trop occupée.

Aujourd'hui, je refuse de vivre de façon excessive. J'ai maintenant des buts, j'accueille le miracle de la vie, et je ressens l'harmonie qui se manifeste lorsque je canalise mon énergie dans la bonne direction.

LE RENOUVELLEMENT

JE REDÉCOUVRE MA FORCE CACHÉE ET J'AIME. UNE FOIS DE PLUS

Aujourd'hui, je permets à ma puissance intérieure de me prendre la main et de me guider vers la Terre de la redécouverte de ma force et de mon amour qui étaient enfouis au plus profond de moi.

Je suis capable d'utiliser ma force et mon amour pour tracer le sentier qui me convient. La noirceur me quitte et fait place à mon pouvoir et àma direction. La joie du crépuscule du matin m'accueille.

Du plus profond de moi-même, ma force et mon amour rayonnent aujourd'hui.

LA BONNE SANTÉ

JE SUIS EN BONNE SANTÉ

Aujourd'hui, je suis l'expression même de la santé. Ma vie toute entière m'appartient, je peux l'utiliser avec sagesse et joie. Ma santé est un don divin qui pénètre dans ma conscience, mes pensées, ma voix et mes actions.

Ma vie est en ordre et paisible. Je rejette le stress et la tension. La force et mes actions sont au niveau de la perfection.

Jadis, j'affichais très souvent des symptômes de stress physique. Maintenant, au moment où je me libère, je me libère de toute maladie.

Je respecte ma santé et ceux qui me sont chers. Ma saine conscience ne se plaint jamais parce qu'elle est comblée de joie.

Je suis en parfaite santé.

LES OCCASIONS

JE TRANSFORME LES PROBLÈMES
EN OCCASIONS BÉNÉFIQUES

Aujourd'hui, je reconnais les nombreuses occasions qui se présente à moi et je m'en réjouis. J'apprécie le calme et l'ordre dans ma vie. Je vis chaque moment, chaque heure, chaque jour, avec l'assurance de la sérénité.

Qu'importe ce qui s'est passé hier, qu'importe ce qui se passe aujourd'hui, se passera demain, je suis en sécurité dans ma conscience spirituelle et je sais qu'aucune personne, chose ou situation ne peut m'empêcher d'éprouver la joie. J'utilise chaque nouvelle situation pour développer l'acceptation que je n'ai plus de problèmes - j'ai maintenant des occasions. Il n'y a aucune limite àmes possibilités de penser. Je m'ouvre à une plus grande perspicacité, à des intuitions plus précises.

Je suis comblé(e) par une abondance d'amour, de vérité et de sagesse d'esprit. Je crois vraiment que je peux transformer mes problèmes en occasions de croissance et de réalisation.

LES MIRACLES

JE REJETTE TOUTE NOIRCEUR ET JE LAISSE LES RAYONS DU SOLEIL PÉNÉTRER EN MOI

Au moment où ce jour naissait, j'ai pensé au miracle de la vie, à la réalité de la vie éternelle - que nous sommes tous un - qu'il ne peut y avoir d'autres prémisses.

Aujourd'hui, la noirceur rejette son rideau qui pourrait cacher la vérité. Il n'y a pas de rideau, il n'y a pas de noirceur. Je crée ces éléments moi-même. Lorsque je veux que le soleil brille, j'utilise mes connaissances pour faire la lumière.

N'est-ce pas facile? Pourtant, en croyant à la Puissance Suprême, j'émerge de la noirceur et je fais confiance aux nouveaux rayons de soleil. Cet éclat est secondé par les nouvelles règles que nous utilisons pour nous faire entrer dans l'enceinte de nos idées et de nos comportements.

Aujourd'hui, je baisse mon sombre rideau et je jette un coup d'oeil furtif vers le soleil.

LA FORCE INTÉRIEURE

JE SENS LA FORCE AU PLUS
PROFOND DE MON ÊTRE

Aujourd'hui, je suis totalement conscient(e) de mon for intérieur - la résidence de mon être véritable. C'est mon lieu de sécurité, mon ancre, mon refuge. Je ne me sens aucunement piégé(e) - j'ai la liberté de me déplacer, d'être, de créer. J'entoure ma résidence d'acceptation et de paix.

L'incertitude, la colère, l'inconsistance et le désordre de ma famille dysfonctionnelle me donnaient l'impression d'être en prison. Ma résidence, aujourd'hui, m'entoure de gentillesse, de force et de liberté afin d'être ce que je veux.

Je ne suis plus entouré(e) d'énergie négative. Je change l'atmosphère qui m'entoure par mon attitude et mon énergie. Je m'accorde un endroit physique de sécurité - ma résidence, mon ancre, mon refuge.

LA BEAUTÉ

MA BEAUTÉ SE MANIFESTE AUJOURD'HUI

Aujourd'hui, ma beauté resplendit comme le lever du soleil. Mon coeur rayonne, mon âme est en paix et mon jardin intérieur est en pleine floraison. Je me rends compte de mon éclat et mes racines s'enfoncent dans les fondations de ma vie.

Aujourd'hui, je ne choisis que des actions positives en étant conscient(e) que celles que je choisirai seront les meilleures pour moi.

Je ralentis et je laisse jaillir ma douceur. Je suis en harmonie avec la nature et avec Dieu. Je parle d'abondance, je souris à la vie. Je me rends compte de tout ce qu'il y a à voir, à humer et à entendre.

Je me rends compte de ma beauté et je vois la beauté des autres. Comme témoin de ce jour, je resplendis, je m'épanouis.

LE RENOUVELLEMENT

AUJOURD'HUI, JE ME RÉALISE

Aujourd'hui, je poursuis mon voyage de transformation et je suis mon propre sentier afin d'arriver à ma destination.

Bon nombre de fois, les périples deviennent mon champ de bataille où je m'efforce de m'émanciper des chaînes de la codépendance. Cette lutte représente mon conflit intérieur avec le désordre et l'inconsistance. Je combats le confort que je retrouve en me tenant à distance des engagements et en étant trop responsable.

Je rejette ces obstacles. Dans mon voyage de transformation, je renouvelle mes énergies en abandonnant les messages négatifs et en les remplaçant par la joie et la paix.

Mon sentier suit une direction positive. Je suis mes instincts, je renouvelle mon engagement à ma croissance, à ma transformation et à ma pleine réalisation.

LES DÉFIS

JE RESSENS LE DÉFI DE SURMONTER DES BARRIÈRES

Il fut un temps où je croyais ne jamais survivre. J'étais peut-être sous l'effet du stress au travail. Je ressentais peut-être une certaine tension au sujet des problèmes non résolus ou des relations insatisfaisantes de ma famille.

Je regarde en arrière et je me rends compte que j'ai survécu. Je vois que je peux m'extirper de situations tendues en abandonnant les responsabilités à vouloir changer les autres et les événements.

Aujourd'hui, la sérénité m'entourera si je ne contourne pas les barrières et les excès de responsabilités lancés sur mon chemin. Ces barrières représentent mes défis, maintenant et pour toujours.

Aujourd'hui, j'accepte ces limites comme des leçons de vie. Je m'engage à les vaincre et je touche de nouveaux sommets, de nouvelles dimensions d'autodétermination et de croissance intérieure.

LA SÉRÉNITÉ

MES PENSÉES ET MA PRÉSENCE DÉBORDERONT DÉSORMAIS DE VIE MAINTENANT

La tranquillité en moi m'offre toutes les réponses. Aujourd'hui, je prends le temps de méditer, de ralentir et de me brancher à la sagesse de mon être véritable. J'utilise ces moments pour évaluer mon existence, ma destinée et ma source de sérénité.

Parfois, je ressens un certain envahissement lorsque je considère toutes les possibilités du futur - une multitude de choix, tous imprégnés d'incertitude. Je me sens pris(e) dans le tourbillon de demain, j'oublie de profiter du jour présent.

Je prends le temps de me tranquilliser, de sorte que mes pensées ne s'entrechoqueront pas, mais auront plutôt le temps de bénéficier du calme et de la sérénité que les moments de quiétude m'apportent. Guidé(e) par mon calme et ma sagesse innée, j'accueille les lendemains sans le moindre effort.

LE SUCCÈS

AUJOURD'HUI, MA VIE SERA COURONNÉE DE SUCCÈS

Bien que mes efforts puissent parfois paraître petits, lorsqu'ils sont sincères, le succès est assuré.

Jadis, je croyais maladivement que mes petites démarches étaient insuffisantes et que lorsque je faisais de mon mieux, ce n'était pas encore assez. Ces craintes nuisaient à ma performance et anéantissaient mon amour-propre. J'ai besoin de modifier les messages que je me donne afin de capter les récompenses qui me sont disponibles.

Dans ma famille d'origine, je recevais des messages négatifs pour mes actions et mes réalisations. Je dois accepter que je ne peux changer les messages que les autres me transmettent. J'ai l'impression de changer les messages que je me transmets de façon à accroître ma liberté et de freiner mon autodestruction.

Je m'entoure de personnes positives en plein rétablissement qui acceptent mes efforts. Aujourd'hui, je me convaincs que les petites étapes engendrent de grandes récompenses.

L'INTIMITÉ

JE REDÉFINIS L'INTIMITÉ AVEC UNE NOUVELLE PRISE DE CONSCIENCE

Aujourd'hui, je fais le tri de mes relations avec une nouvelle prise de conscience. J'ai une idée des relations intimes que je désire et je procède lentement aux changements nécessaires afin d'obtenir ce que je veux.

Dans ma famille d'origine, l'intimité signifiait, de façon confuse, couvrir quelqu'un de baisers ou lui accorder une attention excessive. Dans ma vie adulte, je me suis peut-être isolé(e) pendant un certain temps afin d'éviter l'intimité comme je la comprenais.

Aujourd'hui, je redéfinis ce concept et je réorganise mes notions de rapprochement avec un autre être humain. Je n'ai pas à être responsable de quelqu'un pour lui témoigner mon amour; je ne dois pas non plus abandonner mon identité afin de m'accorder mon intimité.

J'ai certaines attentes de relations qui sont réalistes et réalisables. Permettre à la personne que j'aime d'être humaine signifie que je suis à la recherche de bonheur, et non de perfection. Pour moi, l'intimité est complexe, enrichissante et très possible.

LA SOLITUDE

J'ACCUEILLE LA SOLITUDE COMME UN MOYEN DE ME DÉCOUVRIR

J'apprends à me connaître. Je n'ai plus le goût de chercher des choses à faire pour remplir les heures. Je peux faire face au vide terrifiant qui habite parfois en mon âme. J'en ressors avec triomphe.

Je refuse de me laisser ronger par la crainte de l'inactivité et du calme. Au moment où j'accueille ce jour, j'apprécie la quiétude et la sérénité de la solitude.

J'ai la certitude que les grands bras de Dieu me protègent. Je ne laisse plus les voix envahissantes qui menacent la solitude, me priver de la paix et du confort d'être seul(e).

La solitude ne signifie aucunement être seul(e) dans un vide. J'utilise ma solitude comme un autre canal de découverte du Moi.

LES RESSOURCES

J'UTILISE TOUTES MES RESSOURCES D'ADULTE AU MOMENT DE M'ENGAGER DANS DES RELATIONS INTIMES

Comme enfant d'une famille dysfonctionnelle, je n'ai jamais fait confiance à l'intimité. Lorsque je le faisais, j'ouvrais la porte au rejet et à l'abandon. J'ai vu des modèles qui m'ont enseigné que lorsqu'on aimait trop, on se faisait blesser.

Aujourd'hui, je me rends compte que les ressources que je possède comme adulte sont quelque peu différentes de celles que j'avais comme enfant. J'ai maintenant le libre choix. Je peux décider entre l'intimité ou quitter si je n'aime pas ce qui se produit. Je peux me protéger en procédant au rythme qui me convient.

Il n'est pas nécessaire que l'intimité se manifeste d'un seul coup. J'ai l'intention de donner de moi-même, un jour à la fois, et d'apprendre à me découvrir, en écoutant, en observant et en évaluant.

LES RISQUES À PRENDRE

AUJOURD'HUI, JE TENTE MA CHANCE

Aujourd'hui, je tenterai certaines choses. Je ferai moins de choses sérieusement. J'oserai faire des erreurs, voire frôler le ridicule. Je tenterai l'expérience de moments spéciaux, l'un après l'autre, plutôt que de vivre des années en avant.

Je ne serai pas une personne qui ne quitte jamais le foyer sans un thermomètre, une bouillotte, un imperméable et un parachute. J'entends relaxer et assouplir mes sens. Aujourd'hui, j'escalade plus de montagnes, je traverse à la nage des rivières - je mange plus de crème glacée et moins d'épinards.

Je fais l'expérience de prendre des risques comme jamais auparavant. Après avoir vécu de façon sensible, heure par heure, je mérite une journée de grandes attentes. Après une journée comme celle-ci, j'aurai peut-être plus de problèmes réels, mais moins de problèmes imaginaires.

LES PRÉSENTS

LES PRÉSENTS.
POUR LE PRÉSENT

Je m'offre ce jour en présent et je l'apprécie avec la certitude que je mérite toute la richesse que ce jour peut m'offrir.

Dans ma famille d'origine, la motivation de m'acheter quelque chose de bien ne se manifestait jamais. Les fêtes annuelles se passaient toujours sous tension, les célébrations étaient désordonnées et les présents étaient toujours retenus par des ficelles. Les membres de ma famille avaient des problèmes à combler mes besoins, donc, j'avais les mêmes problèmes.

Aujourd'hui, je mérite certaines attentions particulières. J'entends me voir avec les yeux d'une belle amitié et m'offrir un présent. Je veux savoir ce que je ressens avec la quasi certitude que je le mérite.

LA CONVENANCE

MES PENSÉES, MES SENTIMENTS ET MES ACTIONS SONT CONVENABLES

Aujourd'hui, je suis conscient(e) de l'harmonie qui se développe entre mes sentiments, mes pensées et mon comportement. Il y a une «rencontre» qui amène la joie et l'entièreté dans ma vie.

Comme enfant, j'ai appris à dissocier mes sentiments de mes pensées, et mes pensées de mon comportement. Jamais plus je ne pensrai une chose, en ressentirai une autre ni ne me comporterai de façon inconvenante avec les deux. Aujourd'hui, l'unité sous-jacente me permet de glaner l'information de tous mes sens avant d'agir.

Je reconnais la valeur de mes sentiments et de mes pensées. J'ai ouvert les vannes qui m'offrent des retours enrichissants provennant de l'écoute, de l'observation et des sentiments. J'apprécie l'unité qui se crée en moi.

LE PASSIF

JE CONSTITUE MON MEILLEUR PLACEMENT

Mon meilleur placement, c'est moi. Et comme dans le cas de tout placement, je dois suivre de près mes comptes mentaux, physiques et spirituels. J'effectue des dépôts réguliers de temps, d'énergie et de prises de conscience. Je fais régulièrement des retraits de vieux schémas, de sentiments, de croyances et de comportements.

Parfois, je me laisse aller dans la paresse où je me sens sans espoir et je me demande si mon rétablissement vaut un tel investissement de temps et d'énergie. Lorsque mes pensées et mes actions se butent à de vieux schémas d'anxiété et de dépression, je me rappelle ce que la vie était pour moi. Avec une toute nouvelle prise de conscience, je ne me retranche plus derrière un comportement défaitiste. Le temps et l'énergie que j'ai investis dans ma guérison sont valables.

Je n'oublie jamais que ma ressource primaire, c'est Moi. Je prends soin de cette ressource et je la considère comme un passif valable et attrayant. Ma guérison spirituelle, mentale et physique représente un investissement à vie de mon temps, de mon énergie et de mon amour.

LE LIBRE CHOIX

JE DÉCIDE DE FAIRE CE
QUI ME CONVIENT LE MIEUX

J'ai un libre choix, je décide de faire ce qui m'avantage le plus. Je ne laisse plus les membres de ma famille d'origine me mettre en situation de double responsabilité. Parfois, lorsque j'entre en contact avec eux, les vieux sentiments de blessure et d'anxiété se manifestent. Cette situation peut se compliquer davantage par le fait que nul ne reconnaît l'alcoolisme et que les membres de ma famille agissent comme si tout était merveilleux. Tous les messages de «perte» reviennent et me rappellent combien je me sentais ridicule à l'époque.

Si je décide d'être avec ma famille, il n'est pas nécessaire que j'endure les messages irrationnels et le comportement en dents de scie. Je peux être avec eux et me distancer des vieux rôles que je jouais.

Si je décide de ne pas les voir, je ne me sens pas comme un(e) enfant sans-coeur. Je refuse le sentiment de culpabilité et de honte parce que j'ai décidé de prendre soin de Moi.

Aujourd'hui, j'ai le libre choix et je fais ce qui me convient.

LA CROISSANCE

J'ENTENDS ÉVOLUER DANS PLUSIEURS DIRECTIONS

Ma croissance n'est pas limitée - elle est multidirectionnelle. J'entends m'étendre en profondeur ainsi qu'en hauteur. Lorsque je contemple un bel arbre, je me rends compte que ses branches et ses feuilles s'élèvent vers le ciel. Je ne vois pas les racines qui s'enfoncent profondément dans le sol afin de puiser la nourriture et de se cramponner.

Au cours de ma croissance, de mon rétablissement, je me souviens que j'ai besoin d'être ancré(e) à la réalité et de bénéficier d'une nourriture physique, mentale et spirituelle.

Je sais que je peux atteindre mes rêveries et mes aspirations lointaines. Je peux même avoir un certain succès; cependant, sans une solide fondation, sans racines enfoncées pour me nourrir et me tenir en place, ma croissance est limitée.

Aujourd'hui, je pousse dans un bon nombre de directions. À la recherche des profondeurs de mon être, je rejoindrai les hauteurs... en pleine floraison.

L'ACCEPTATION DE SOI

JE SUIS UNE PERSONNE AIMABLE ET CAPABLE

Dans ma famille d'origine, les comparaisons négatives, les accusations et le blâme étaient monnaie courante. En grandissant, j'ai peut-être apporté avec moi une bonne dose d'accusations contre moi-même.

Je réfute le mépris de soi. Je me ferme aux monologues intérieurs négatifs qui se nourrissent de comparaisons entre les autres et moi. La honte ne fait plus partie de mon identité.

L'idée d'avoir des défauts ou de ne pas être assez bon(ne) est présentement rejetée de ma conscience. Je suis une personne aimable et capable et je n'ai aucune intention de me rejeter.

Je ne suis pas paralysé(e) par la découverte de mes limites et de mes fautes; je me reconnais plutôt comme personne humaine, complète... ayant une certaine valeur. Tout au cours de mon rétablissement, je reconnais ma honte, sans en être enrobé(e).

J'apprends à m'affirmer en partant de mon for intérieur.

LES COMMENCEMENTS

JE FAIS DE CE JOUR UN
NOUVEAU COMMENCEMENT

Voici venu le moment des nouveaux commencements. Je ne gaspille pas mon énergie en regardant en arrière, en rêvant des jours d'antan, des périodes révolues. Aujourd'hui, j'ai le courage d'avancer dans la vie, de voir l'abondance se manifester.

Il est des moments où les circonstances changent, les relations se réorientent, les choses tenues pour acquises sont déformées. Ces moments peuvent s'avérer extrêmement difficiles, à moins d'avoir confiance en l'orientation bénéfique de ma Puissance Suprême.

Aujourd'hui, je m'apprête à larguer toutes les pensées qui me cramponnent à mes croyances limitées d'hier. Je ne suis plus esclave de mon passé. Aujourd'hui, je me vois dans un monde sans limites.

LES PRIORITÉS

AUJOURD'HUI, JE FAIS DES CHOIX QUI ME SONT BÉNÉFIQUES

Au moment où j'avance dans mon rétablissement, je découvre que je peux faire des choix responsables.

Naguère, je pêchais par excès dans mon alimentation, mes achats, ma vie sexuelle, mes relations et mes autres activités. Bien souvent, j'étais incapable de freiner le comportement destructif.

Aujourd'hui, je prends de bonnes décisions. Je décide ce qui est bon pour moi et je maintiens mes décisions. Bien souvent, par le passé, mes priorités dépendaient des gens et des choses. En ce faisant, j'abandonnais ma puissance et je laissais les influences extérieures me contrôler.

Aujourd'hui, j'affirme ma sagesse et je sais ce qui me convient.

LES RELATIONS

MES RELATIONS AVEC LES AUTRES SONT CONFORTABLES

Je ne peux m'asseoir au sommet d'une montagne et méditer afin d'en arriver à un stade élevé de conscience et, en même temps, oublier mes relations envers les gens et les choses qui me concernent. Je suis ici pour évoluer en beauté, et cette dimension dépend de ma relation avec les autres. L'isolement n'apporte absolument rien àmon rétablissement. L'épanouissement dans la vie nécessite une plus grande prise de connaissance de mes relations, à tous les niveaux d'expérience. Chaque situation à laquelle je fais face et chaque personne que je rencontre ajoutent une nouvelle dimension à ma croissance. Chaque fois qu'une personne me provoque ou touche un «point sensible», je pense aux blessures émotionnelles oubliées depuis longtemps, qui demandent mon attention. Je refuse de m'isoler des gens par crainte de souffrance. Chaque étape de mon évolution dépend de mes relations avec mon monde intérieur et mon monde extérieur.

Aujourd'hui, je suis disposé(e) et j'ai hâte d'établir des relations, d'interagir, de comprendre et de faire partie de TOUTE L'HUMANITÉ.

LA RICHESSE ÉMOTIONNELLE

JE ME PERMETS DE VIVRE LA RICHESSE DE MES ÉMOTIONS

Ai-je peur de ressentir? Dois-je encore bloquer mes émotions et nier mes réactions aux situations? Ressentir quelque chose demande du courage. Ne pas ressentir la joie de la vie ni la douleur, c'est me refuser la joie de vivre... et la douleur!

Que serait la vie sans mon sens du toucher? Je ne pourrais connaître la chaleur, le froid, le plaisir ou la douleur. Je serais complètement engourdi(e), je ne pourrais avoir accès à l'information ou au plaisir que le toucher apporte. Je ne désire aucunement m'insensibiliser devant la vie - je permets plutôt à mes émotions d'enrichir ma vie et mon esprit. Aujourd'hui, je permets à mon corps de chanter ce que je ressens.

Mes émotions sont pour moi une ressource valable et un don que j'accepte avec gratitude.

L'EXPRESSION DE SOI-MÊME

JE M'ACCORDE LA PERMISSION DE ME SENTIR MERVEILLEUSEMENT BIEN

En ce moment, je m'accorde la permission de ressentir davantage le bonheur, la puissance et la liberté que jamais auparavant. Nul ne peut me donner la permission de bien me sentir. Je n'ai pas besoin de me tourner vers ma famille, mes amis ou quelqu'un que je connais, en quête d'approbation pour mon bien-être. Cette certitude existe en moi.

Aujourd'hui, je suis en mesure de tenter des expériences et de faire des activités qui feront jaillir mon bonheur. Plus jamais, je me privrai des occasions de me sentir bien. Je décide de ne pas laisser les vieux schémas de croyance monter des arguments contre mes objectifs.

Aujourd'hui, il n'existe plus de parents critiques dans ma prise de conscience. J'ai le feu vert pour explorer toute la joie que je mérite. La permission m'est accordée.

L'ENTIÈRETÉ

JE RECHERCHE LA TOTALITÉ
DE MON RÉTABLISSEMENT

Je vise l'entièreté de mon rétablissement. Aujourd'hui, je contemple une grande image. J'examine le schéma de croyances et de comportements qui rendent la vie amère. Dans ma tentative de rétablissement entier, je me rends compte que les symptômes thérapeutiques ne sont pas sur le même pied que la guérison. Tout comme un symptôme ne constitue pas une personne codépendante, on ne guérit pas cette personne en faisant disparaître le symptôme. En ce jour, je fais l'inventaire de tous mes symptômes et je commence àcomprendre.

Je suis un être humain complet - plus que la somme de mes unités, plus que l'ensemble de mes doigts, pouces, orteils, membres et organes. Dans mon effort, je désire un état complet, je me rends compte de mes symptômes avec honnêteté et douceur. Avec une telle observation affectueuse, je suis sur la route du rétablissement.

LES CHOIX JUDICIEUX

JE CHOISIS LIBREMENT CE
QUI ME CONVIENT LE MIEUX

Je suis complètement libre de tout désir pour les choses qui ne sont pas bonnes pour moi. Le schéma que je suis est sain, satisfaisant et comble mon esprit, mon corps et mon âme.

Bien souvent, dans mon foyer , certains choix qui m'étaient imposés, m'affectaient et entraînaient des conséquences malsaines.

Comme adulte, j'apprends de nouvelles façons de prendre soin de moi et je découvre de nouvelles façons de faire des choix judicieux.

Aujourd'hui, mon esprit est libre de toute pensée négative.

LES RELATIONS

JE NE DÉSIRE PLUS DIRIGER
LES IMPRESSIONS DES AUTRES

J'entends cultiver l'auto-observation et je tiens compte de mon interaction envers les autres. Aujourd'hui, je veux apprendre de quelle façon j'établis des relations satisfaisantes... qui me plairont. Pour ce faire, je m'observe dans mes démarches avec les gens.

Aujourd'hui, je ne tente plus de vivre avec les impressions que les gens ont de moi. Si j'ai «joué la comédie» tout au cours de ma vie, dès maintenant, je commence à vivre. Les gens peuvent avoir l'opinion qu'ils voudront de moi. Je mets fin sur le champ à mes tentatives constantes de faire «bonne impression.» Je n'ai plus le goût d'impressionner les gens dans le but d'être plus valable à leurs yeux.

Je développe un haut degré d'honnêteté et d'auto-observation dans mes tentatives de changement.

LES SOLUTIONS

JE COMMENCE À CHERCHER LES SOLUTIONS

Je suis entièrement conscient(e) des nombreux problèmes qui existent chez un enfant qui a grandi au sein d'une famille dysfonctionnelle: les questions de relations, d'amusement, de contrôle, de confiance et de sérénité font partie de ceux que j'ai rencontrées. J'attends maintenant les solutions.

Je me rends compte qu'il n'y a pas de solutions faciles à mes problèmes. Je commence à chercher les réponses à mes nombreuses questions. Continuer à entretenir mes problèmes draine mon énergie mentale et spirituelle de récupération. Donc, en pleine connaissance des nombreuses causes, je décèle aujourd'hui des solutions de support.

Je commence à changer mes attitudes. Aujourd'hui, j'ouvre mon esprit et mon coeur à de nouvelles façons d'être. Mon voyage vers le rétablissement vient de commencer - le meilleur est à venir.

L'AMOUR

AUJOURD'HUI, JE M'OFFRE
LE DON DE L'AMOUR

L'amour est le don le plus thérapeutique que je puisse m'offrir. Je n'ai pas à tendre la main pour trouver l'amour - il existe déjà en moi. Aujourd'hui, je me témoigne un amour inconditionnel.

Je n'ai peut-être pas reçu l'amour dont j'avais besoin de mes parents, de mes amis, de mes amants(es). Cependant, aujourd'hui, je me rends compte que l'amour ne m'a jamais quitté(e). C'est lorsque je m'abandonne que je cherche désespérément une personne pour m'aimer. Ce désespoir me laisse lorsque je plonge dans le labyrinthe du *Moi* et que je découvre que JE SUIS L'AMOUR.

Aujourd'hui, j'ouvre grandes les portes de mon coeur et je permets à l'amour de se répandre librement dans mon corps. J'accepte cet amour et je m'en réjouis.

LE CONTRÔLE

J'UTILISE LES SECTEURS QUE JE PEUX CONTRÔLER ET CEUX QUE JE NE PEUX PAS CONTRÔLER

Je dois me rappeler que la vie n'est pas un problème constant à être résolu. C'est plutôt un mystère auquel il faut faire face. Je comprends maintenant pourquoi je devais serrer les rênes du contrôle sur mes sentiments, lorsque j'étais enfant. Je comprends pourquoi il me fallait croire que je pouvais exercer un certain contrôle sur ma famille d'origine. J'ai accepté un bon nombre de messages irréalistes sur ce que je peux faire et ne peux pas faire.

Aujourd'hui, je chercherai les occasions de céder le contrôle et de procéder lentement en me protégeant. Je chercherai les occasions sécuritaires et celles qui prêtent leur appui et où je pourrai tenter l'expérience de laîcher prise.

Aujourd'hui, je relâche mon emprise sur la vie... et je vis.!

LA GUÉRISON ET LE RÉTABLISSEMENT

JE SAIS QUE JE ME RÉTABLIS

Comment le sais-je? Je le sais parce que je me tiens debout - je m'affirme. Nul ne peut m'abaisser.

Je sais que je me rétablis parce que j'enseigne à mes enfants d'être eux-mêmes... et d'en être fiers.

Je sais que je me rétablis parce que je peux ressentir.

Je sais que je me rétablis parce que je vois la réalité dans toutes les situations. Je refuse d'être désespéré dans quoi que ce soit.

Je sais que je me rétablis parce que je me rends compte que je n'étais pas coupable des échecs dans l'une ou l'autre de mes relations. Je n'ai pas l'impression d'avoir subi un échec parce qu'une relation n'a pas fonctionné.

Je sais que je me rétablis parce que je n'ai plus à tout faire à la perfection.

Ces signes de rétablissement ne se sont pas manifestés du jour au lendemain. Je me rends compte graduellement, un jour à la fois, des changements qui me convainquent que mon combat vaut la peine d'être mené.

LA SURVIVANCE

JE SUIS UN(E) SURVIVANT(E)

Jamais plus je n'interpréterai la vie comme quelque chose qui «m'arrive». J'ai des droits comme j'ai des choix infinis, mais pour m'en prévaloir, il faut que je les revendique. Aujourd'hui, je m'exprime, je m'impose. Mon rôle de victime est heureusement révolu - je suis las(se) de souffrir.

En changeant mon étiquette, je change mon comportement. Il ne m'est plus nécessaire de passer mon temps à échanger des histoires du style «n'est-il pas déplaisant?» Jamais plus je ne me retrouverai dans des situations où «je n'ai pas d'autre choix.» Il ne m'appartient pas de prendre soin des gens en leur cédant mes pouvoirs.

On m'a blessé(e), je peux régler ce problème. Aujourd'hui, je cherche ma puissance intérieure... et je la trouve.

SOLSTICE D'AUTOMNE

J'AI LE DROIT DE RÉCOLTER TOUT CE QUE JE DÉSIRE DE LA VIE

Au cours de cette saison, je pense aux récoltes. Tout au cours de l'année, j'ai travaillé avec acharnement et il est maintenant temps de profiter du fruit de mes efforts. Pour chaque plant de maïs, on plante une graine et pour chaque effet bénéfique, il y a d'abord eu une cause. Afin de profiter de ma récolte, il me faut planter des idées suivies d'actions positives.

Au moment de la présente récolte, si je rentre à la maison des champs avec un «panier vide,» c'est peut-être que je n'ai pas accordé à mon rétablissement l'importance qu'il méritait. Si je veux compter sur une abondance continue des bonnes choses de la vie, je dois planter et cultiver ma moisson. Suis-je engagé(e) dans une suite infinie d'activités qui m'apportent très peu ou suis-je pleinement conscient(e) de mes schémas et activement intéressé(e) à les changer?

Je mérite une récolte abondante. Aujourd'hui, je plante consciemment les pensées qui m'assureront une merveilleuse récolte.

L'APPROBATION PERSONNELLE

JE CROIS ÊTRE SYMPATHIQUE ET AIMABLE

Aujourd'hui, je reconnais mes besoins et je m'organise afin de les combler. Il n'est pas nécessaire que je m'occupe des gens pour qu'ils m'aiment. Il est exténuant, avilissant et indigne de mon énergie de plaire aux gens en échange de leur approbation.

Pendant un bon nombre d'années, je n'admettais pas mes besoins, tout comme si j'étais un corps vide qui se déplaçait en tentant d'attraper les restes des gens. Dans mon esprit, les relations et les amitiés étaient fondées sur ce que je pouvais faire pour les gens.

J'affirme à haute voix, en ce jour, que je suis sympathique et aimable. Tout ce que je dois faire, c'est croire en moi - voilà mon défi: voilà mon objectif. Je réussirai!

LE SUCCÈS

J'ACCEPTE LA MERVEILLEUSE SENSATION QUI ACCOMPAGNE MES SUCCÈS

Je n'ai pas peur d'avoir du succès. Jamais plus, je n'arracherai la défaite des mâchoires de la victoire. Et si j'ai éprouvé certains conforts en vivant dans mon malheur, je déclare que je peux connaître le succès par une façon différente de vivre, d'être et de ressentir.

Parfois, certaines conditions déplaisantes semblent plus faciles à accepter que le changement. Je refuse de gaspiller mes énergies à vivre dans une dimension confortable et sans récompenses.

Il n'est pas nécessaire que la crainte me prive de ce que je désire. Bien que j'aie pu apprendre beaucoup de choses de mes déboires, je sais que la souffrance ne constitue pas une valeur.

Aujourd'hui, je me fixe des objectifs sans crainte. Je peux réussir dans ma recherche du bonheur et de l'entièreté de la vie.

LA PRISE DE CONSCIENCE

JE ME SUIS ÉVEILLÉ(E) À LA VÉRITÉ

Lorsqu'on découvre que quelque chose dans notre vie ne fonctionne pas très bien, c'est une indication qu'un changement s'impose. Aujourd'hui, je me rends compte que mon seul empêchement c'est moi!

Le seul fait de découvrir que je suis affecté(e) parce que j'ai grandi dans une famille dysfonctionnelle est comme la naissance d'une nouvelle journée. Maintenant que je suis réveillé(e), je ne veux plus m'endormir. Maintenant que j'ai ce don, les difficultés de mon passé ont une toute autre signification. Je comprends maintenant qu'il est possible d'apprendre de nouveaux comportements, de nouvelles croyances et même de nouvelles sensations.

Aujourd'hui, je me félicite d'avoir trouvé cette nouvelle connaissance. J'entends tirer profit du miracle des possibilités que cet éveil m'apporte.

L'ACCEPTATION

AUJOURD'HUI, J'ACCEPTE UNE NOUVELLE IDÉE

Aujourd'hui, j'accepte mes imperfections et les imperfections de la réalité. Un univers parfait absorbe une grande quantité d'imperfections. Je me sens libre lorsque je vois la réalité dans cette perspective.

Aujourd'hui, je me rends compte que la complétude comporte certaines incomplétudes - que la plénitude comporte un certain vide. Être totalement humain signifie l'acceptation des imperfections. Je peux commencer à accepter ce qui est et l'utiliser afin de devenir plus humain(e).

Lorsque j'associe les actions à ces mots, je ne ressens ni haine ni blâme contre moi-même pour mes échecs. Cela veut dire qu'il n'y a plus de récriminations ou de fausse culpabilité sur l'inévitable.

La réalité est infiniment variée. Je peux être plus souple, moins exigeant(e) envers moi-même et les autres lorsque je me rends compte que rien dans la vie n'est parfait - que noir ou blanc, bon ou mauvais, existent rarement sous des formes pures.

Aujourd'hui, j'abandonne la rigidité et la panique et je me réjouis du miracle de l'imparfaite réalité.

L'OPPORTUNITÉ

C'EST LE BON MOMENT POUR PASSER À L'ACTION

Aujourd'hui, je crois que le moment est approprié pour prendre une décision concernant mon rétablissement. Je n'attends plus pour faire quelque chose au sujet de la situation de ma famille, mes souffrances ou mes relations destructrices. Je sais que remettre à plus tard n'aura pour effet que de perpétuer mes problèmes. J'attends ce «moment approprié» de passer à l'action pour les choses qui m'avantagent, je sais que ce moment, c'est MAINTENANT.

Si, par chance, des enfants habitent avec moi, je me rends compte qu'ils ont peut-être besoin d'aide aussi. Je ne suis plus indécis(e) quant à mes besoins et ceux de mes enfants.

Aujourd'hui, je prends soin de moi. Je n'attends plus l'assistance dont j'ai besoin. Le moment est venu - c'est le bon moment.

AIMER

JE N'AI PAS PEUR D'AIMER

Je sais qu'aimer comporte le désir de voir et d'être vu(e), d'apprécier et d'être apprécié(e), d'explorer et d'être exploré(e). Ces qualités sont l'essence même du don et du retour de l'amour.

Je n'ai peut-être pas vu de bons modèles de relations d'amour au moment où je grandissais. Au contraire, elles étaient peut-être abusives. Les gens se tenaient pour acquis, et s'il s'agissait de relations amoureuses, l'un des partenaires était inévitablement blessé.

Bon nombre de couples réussissent à maintenir l'amour pendant de longues périodes de temps. L'ivresse de leur relation n'est qu'un reflet de l'exaltation qui existe dans le for intérieur de chacune des personnes. Je refuse de m'allumer et de m'éteindre comme un appareil. Je suis capable d'aimer et je n'ai pas peur d'aimer.

LA RESPONSABILITÉ PERSONNELLE

JE PRENDS LA RESPONSABILITÉ
DE MON BIEN-ÊTRE

Le rétablissement comporte la responsabilité de soi. Nul ne peut penser pour moi, nul ne peut ressentir pour moi et nul ne peut donner un sens àma vie... sauf moi.

La responsabilité personnelle signifie que j'apprends à penser avant de suivre inconditionnellement les croyances des autres. Cela signifie que mes sentiments les plus profonds m'appartiennent et que je ne dois pas m'inquiéter de savoir si c'est approprié ou non de ce faire. La responsabilité personnelle veut dire que je suis une personne toute entière, que je sois ou non engagé(e) dans une relation intime. Cela laisse entendre que je ne prétends pas me sentir impuissant(e) ou confus(e) afin de ne pas adopter une position d'indépendance.

Je suis une personne capable de vivre une perspective unique du monde. Nul autre ne peut vivre l'expérience de la vie à ma place. Aujourd'hui, j'accepte l'entière responsabilité de tout ce que je suis.

LA CONNAISSANCE DE SOI

JE TRACE LE SENTIER VERS LA DÉCOUVERTE

Je peux apprendre à me nourrir spirituellement et à m'engager dans une relation intime avec des attentes réalistes. Que veut dire se nourrir spirituellement? Cela veut dire m'accepter sans réserve; que je respecte ma propre intégrité; que je respecte mon processus de croissance.

Me nourrir signifie que je considère mes pensées, mes sentiments et mes désirs comme importants. Compte tenu de tout cela, me nourrir signifie que j'entends créer un environnement florissant qui favorise une vie saine pour moi.

Aujourd'hui, j'ai renouvelé mon respect envers mes ressources intérieures. Ma force innée me permet de survivre à mon enfance, à mon adolescence. En ce moment, cependant, je reconnais que ma seule survivance n'est pas suffisante. J'en veux plus, je mérite plus et, apprendre comment m'offrir ce dont j'ai besoin constitue la première étape importante.

J'admets que j'ai des besoins. Je prends les décisions visant à les obtenir. Je me trace un sentier vers la découverte du Moi et je l'entretiens moi-même.

LA RÉFLEXION

JE SUIS MA PROPRE OEUVRE D'ART

En ce moment, je réfléchis sur le sens de ma vie. J'héberge en moi une vision parfaite, un rêve de ce que je pourrais devenir. Aujourd'hui, je poursuis cette vision et je m'efforce de faire de ce rêve une réalité. De cette façon, j'entends donner un sens à ma vie.

Comme un(e) artiste qui peint un tableau, je pose, je fais un pas en arrière, je regarde la toile, j'étudie mes prochains coups de pinceau. C'est pour moi une journée de réflexion. Comme je prévois faire de ma vie une oeuvre d'art, puissent ces moments de contemplation m'aider à revenir vers la toile de ma vie et à peindre un portrait du plus parfait Moi.

Aujourd'hui, et tous les jours qui suivront, je fixe devant mes yeux la vision de ce que je deviens.

LA SEXUALITÉ

JE CÉLÈBRE MA SEXUALITÉ

Le sexe est une célébration qui peut être un hommage à moi et à la personne que j'ai choisie comme partenaire. Aujourd'hui, je me reconnais comme une personne sensuelle.

Dans ma famille d'origine, le sexe avait peut-être une autre signification. Peut-être ai-je appris que ce n'était que par le sexe que je pouvais prouver ma valeur comme homme, comme femme. Peut-être ai-je appris que le sexe n'était qu'une forme de puissance qu'on brandissait sur une autre personne. On m'a peut-être même enseigné que «le sexe était sale - je dois donc le réserver pour la personne que j'aime.»

Je défie toutes les attitudes qui me privent de la joie sexuelle. Aujourd'hui, je place le sexe sur le même pied que l'amour, la bienveillance et l'admiration.

Avec cette nouvelle attitude, je ne me distance plus de mes propres réactions sexuelles. Je ne me sépare plus de mon corps en prétendant que ce que mon corps fait n'a rien à voir avec ce que je suis vraiment. Mes fantasmes, mes désirs et mes actions font partie intégrante de l'expression naturelle de la personne que je suis. Je fais l'expérience de l'intégration très agréable du corps et de l'esprit que le sexe m'apporte. Quelle magnifique façon pour moi de connaître la joie de vivre!

LES DÉSIRS

MES DÉSIRS SONT IMPORTANTS

Mes désirs comptent. Je n'ai pas peur de savoir et d'exprimer ce que je veux. Lorsque je me garde de révéler mes désirs, je finis par ne pas apprécier la présence des autres parce qu'ils refusent de répondre à mes besoins.

Comme enfant, on m'enseignait que mes désirs étaient sans importance. J'ai peut-être toujours peur, si je révèle à quelqu'un ce que je veux, que la réponse se fasse attendre - pire encore, que ma demande puisse ne susciter aucun intérêt.

Aujourd'hui, je me rends compte qu'en courant le risque de m'exprimer, il se peut que je ne reçoive pas ce que j'ai demandé, mais les conséquences de refuser mes désirs sont pires que ce que je suis disposé(e) à offrir. Je sais qu'on n'accomplit rien en ayant peur de dire la vérité. Je profite de l'occasion aujourd'hui pour découvrir ce que je désire.

L'ÉCOUTE

JE M'ENTOURE DE GENS QUI M'ACCEPTENT, M'ÉCOUTENT ET ME PRENNENT AU SÉRIEUX

Ce que je désire souvent, c'est d'avoir quelqu'un qui m'écoute et me prend au sérieux. Je ne veux pas entendre du verbiage, ou me faire dire qu'il est sot de ressentir la douleur. Bien souvent, la guérison se produit par l'expression de la douleur.

Le plus grand don qu'une personne puisse me faire, c'est d'écouter tout simplement, d'être disponible, sans se sentir obligé de formuler des phrases savantes et de trouver une solution. Quant à moi, c'est le plus grand bienfait que je puisse offrir à quelqu'un.

J'ai besoin de clouer le bec au parent punitif qui m'envoit encore des messages. J'apprends à me traiter avec bienveillance plutôt que par récriminations méchantes et discutables.

Aujourd'hui, je suis à la recherche de personnes qui m'acceptent et qui sont à l'écoute. Je n'ai pas à vivre ma vie dans un silence de douleur émotive.

LA COLÈRE

J'ASSAINIS L'AIR AVEC DE L'HONNÊTETÉ

Aujourd'hui, j'assainis l'air avec une communication honnête et ouverte. Je ne nie pas ma colère et je ne souris pas alors que mon sang bout dans mes veines. Je suis honnête par rapport à mes sentiments.

Lorsque je nie ou repousse ma colère, elle reste emprisonnée en moi. Lorsque je suis assez honnête pour la manifester, je décharge cette émotion et je peux passer à autre chose.

Jadis, je consacrais beaucoup d'énergie à réprimer ma colère et je m'engourdissais. Ma crainte de détruire une relation et de tourner les gens contre moi a toujours maintenu cette colère emprisonnée en moi.

Aujourd'hui, je reconnais qu'on ne détruit pas une relation en exprimant honnêtement sa colère. La relation peut s'éteindre lorsque la colère n'est pas exprimée.

La colère refoulée annihile l'amour, détruit la passion, et anéantit la relation. En ce jour, j'assainis l'air avec de l'honnêteté.

L'ACCEPTATION DE SOI

TOUT CE QUE JE SUIS,
TOUT CE QUE JE RESSEN
M'APPARTIENT

Aujourd'hui, j'accepte de me rencontrer . Je sais ce que je ressens et je sais ce qui motive mes actions.

Afin de survivre à mon enfance, on m'enseignait à être inconscient(e) de mes sentiments. J'ai appris que cette désaffection est désastreuse pour moi dans ma vie adulte.

Jamais plus, ne dois-je considérer mes pensées et mes émotions comme malveillantes. Mes sentiments ne sont pas dangereux et je n'ai pas à les désavouer et nier qu'ils existent. Aujourd'hui, je récupère tout ce que j'ai renié au cours de mon enfance. J'apprends que les gens m'aiment même lorsque j'éprouve de la colère et qu'ils se soucient de moi lorsque je suis sans ressource.

Je n'ai pas à jouer la comédie ou à exprimer tout ce que je ressens, mais je suis libre et en mesure de vivre mes émotions.

Un jour à la fois, je me crée une atmosphère de respect et d'acceptation où je peux m'exprimer sans crainte.

LES RELATIONS ET L'INTIMITÉ

JE BRANCHE MES RELATIONS INTIMES À LA RÉALITÉ

Mes relations intimes sont fondées sur la réalité. Je combine la passion et la perspicacité et il en résulte une romance pragmatique. Je vois mon(ma) partenaire comme une personne réelle avec ses défauts aussi bien que ses vertus. Je n'entends pas m'engager dans une relation d'amour sur une idée fantasque. Cette situation est destructive pour la personne que je choisis ainsi que pour moi. Soit que je proteste contre cette personne qui n'a pas su réagir à mes fantaisies ou que j'accepte le rôle de la victime et que je ressente l'injustice, la trahison, la douleur.

En ayant grandi dans une famille dysfonctionnelle, j'ai atteint l'âge adulte avec certains besoins inassouvis, des désirs refoulés, des peines et des nostalgies désavouées. Je ne m'attends pas à ce qu'une relation résolve ou guérisse tous mes problèmes du passé.

Je veux voir mon(ma) partenaire de façon réaliste, sans déception. J'ai conscience de mes besoins les plus profonds et je m'engage dans une relation, aujourd'hui, sans croire qu'ils seront comblés. De cette façon, j'offre à l'amour et au respect mutuel les plus belles occasions de croître.

L'AUTONOMIE

JE ME RESPECTE ET
JE RESPECTE LES AUTRES

Aujourd'hui, je célèbre mon autonomie et ma liberté. J'apprends à ne pas me connaître comme enfant. En grandissant, j'ai dépassé le besoin de prouver à mon entourage que je suis un bon garçon, une bonne fille. Je ne m'attends plus à être secouru(e), épargné(e). Je n'ai besoin de la permission de personne pour être ce que je suis.

Mon amour personnel se porte bien. Je n'ai plus aucun doute quant à ma valeur. La source de mon approbation réside en moi - elle n'est pas à la merci des autres. Je possède les facultés mentales nécessaires pour apercevoir les frictions normales de la vie quotidienne dans une perspective réelle. Plus jamais, dois-je traduire les incidents en rejet parce que je ne suis pas vraiment aimé(e).

En plus de mon autonomie, je respecte les besoins des autres: ils peuvent suivre leur propre destinée, s'accorder un peu de solitude à l'occasion, et être préoccupés par certaines questions qui ne me concernent pas. J'ai atteint un degré de maturité au point d'être capable d'étreindre mon indépendance.

LE BONHEUR

JE M'INCLINE DEVANT LA JOIE

Je peux déterminer mon propre sentier de bonheur. Pour le vivre, je dois me séparer émotivement de ma famille. De ce fait, je découvre mes ressources intérieures et mes forces.

Je constate que ma survivance ne viendra pas en protégeant ma relation avec ma mère ou mon père aux dépens de la jouissance pendant le reste de ma vie. Je n'ai pas l'intention de sacrifier mon propre bonheur dans le but de protéger mes parents contre leur insuffisance. Je ne me sens pas obligé(e) d'inviter le drame dans ma vie, provoquant des conflits dans mes relations.

Lorsque je me sentirai comblé(e), je céderai à la joie. Je découvre le bonheur à mes conditions, à ma façon. Je détermine mon sentier de bonheur.

L'AVENIR

J'ENVISAGE MON AVENIR
REMPLI DE BONNES CHOSES

Les choix qui me sont offerts sont prometteurs. Le futur offre une variété d'occasions de croissance et la réalisation totale des réalisations.

Lorsque je recule momentanément et que je fais l'inventaire de la situation totale de ma vie, les problèmes ne me semblent pas disproportionnés. Aucune situation ne me semble insupportable. Lorsque j'ai une douleur, je sais qu'elle ne durera pas indéfiniment. Je me sens calme et rassuré(e) lorsque je me rends compte que les secteurs importants de ma vie sont déjà sains.

En constatant les magnifiques occasions qui m'attendent, je ne me sens plus emprisonné(e). Je ne suis plus l'enfant sans ressources, dans un environnement sans espoir. Je suis devenu(e) un(e) adulte capable, et j'accueille le futur avec fascination et un sentiment croissant de compétence. Aujourd'hui, j'entrevois l'avenir et je ne m'attends qu'à de bonnes choses.

LES BESOINS

JE VIS À PARTIR
DE MON CENTRE

Aujourd'hui, j'apprends comment recevoir avec joie, sans culpabilité. J'apprends à connaître mes propres besoins, à accepter autant qu'à donner. En ce jour, j'entends faire quelque chose d'utile pour moi.

Si je n'y parviens pas facilement aujourd'hui, je pratiquerai tout simplement et je verrai ce que je ressens. Je sais que chaque fois que j'apprends à faire quelque chose pour moi, c'est de plus en plus facile. Je n'ai pas honte lorsque je ne profite pas de la vie «correctement». Je dois me souvenir en tout temps que ma santé s'améliore et apprendre à me gâter est la meilleure façon de toucher mon objectif.

Aujourd'hui, j'accepte avec facilité les présents ou les compliments. Je ne refuse aucune occasion de prendre soin de moi, j'apprends à préciser mes propres besoins.

L'HONNÊTETÉ

JE CÉLÈBRE MON HONNÊTETÉ
ET MA CONTINUELLE
PRISE DE CONSCIENCE

Le rétablissement est un processus d'honnêteté totale de déni qui ne doit jamais s'infiltrer dans ma conscience. Je cultive l'honnêteté dans mes actions et dans mes paroles.

Comme enfant, je tolérais parfois des abus sans me plaindre. J'ai appris à nier mes propres besoins, mes problèmes - à prendre des taupinières et à les transformer en montagnes. Comme adulte, je crois peut-être toujours que si je n'admets pas que quelque chose est mauvais, je n'aurai pas à m'en occuper.

Si je refuse d'admettre qu'un problème existe, il perdure. Aujourd'hui, j'abaisse lentement le mur de déni qui m'entoure. Admettre que j'ai des problèmes ne m'abaisse aucunement, d'aucune façon; plutôt, cela me fortifie, pavant la route de ma prise de conscience et de ma croissance.

LA PRÉVENANCE

JE PORTE ATTENTION AUX PAROLES ET AUX ACTIONS DES AUTRES

Je porte attention à ce que les gens disent, à ce que les gens font. Je ne me laisse plus séduire par des paroles sans actions congrues.

Comme enfant, je me suis habitué(e) aux menaces sans fondement, aux promesses sans suite. Mon espoir s'élevait, chutait, comme une corbeille dans des montagnes russes, poussé par de magnifiques paroles qui ne voulaient rien dire. Mais je sentais qu'il fallait que je me cramponne à n'importe quelle promesse qui invitait au retour de la santé mentale et à l'ordre dans ma vie.

Comme adulte, j'ai déjà ressenti une attraction pour les personnes qui formulent de belles promesses, mais qui ne font jamais suivre le comportement qui va avec les mots. J'ai peut-être eu un tel besoin d'attention, que je m'attardais au verbiage d'amour sans me rendre compte que le comportement amoureux n'y était pas.

En ce moment, je ne porte aucune attention à ce qui a été dit et à ce qui a été fait, lorsqu'il n'y a pas d'équilibre. Je me protège en observant les paroles et les comportements de ceux et celles qui m'entourent.

SE RÉCOMPENSER

S'ENTOURER DE BONTÉ CONSTITUE LA MEILLEURE THÉRAPIE

Qu'est-ce que je fais pour m'entourer de bonté? Qu'est-ce que je fais tout simplement pour m'amuser? Aujourd'hui, j'apprends à relaxer, j'apprends à apprécier des moments de repos et de récupération.

J'ai consacré beaucoup de temps à faire des choses pour les autres et, bien souvent, des choses que je n'aimais pas. J'ai passé des heures à faire de la thérapie, à me rendre à des sessions de thérapie, à travailler et à entourer les autres de bonté. Conséquemment, l'affolement, la dépression se sont emparés de moi. Comme bon nombre d'enfants issus d'une famille dysfonctionnelle, j'ai cru que doubler mon ardeur au travail était préférable à la relaxation et au plaisir.

Je n'ai plus à prouver ma valeur en me faisant mourir au travail. Être martyre ne m'attire aucun boni ou ni de billet direct pour le paradis; je peux, cependant, me rendre malade, sombrer dans la névrose et me priver de la joie qui existe quand on prend le temps de s'amuser.

Aujourd'hui, je m'accorde la permission d'être bon(ne) pour moi-même. Je pense à des façons de mieux vivre. Je m'offre des petites gâteries et je me réjouis de la sensation que cela me procure.

LES CROYANCES

MA VIE CHANGE

Au fur et à mesure que ma santé s'améliore, je désire vivre dans la joie et je recherche les situations joyeuses. La guérison signifie que je ne veux plus vivre dans la crainte, dans l'indécision, dans le désespoir. Si je dois quitter une situation douloureuse ou destructive, je suis libre de le faire.

Je ne crois plus que je dois souffrir. Je ne crois pas que Dieu soit disposé à me punir à quelque moment que ce soit. Ces croyances font partie de la maladie d'une famille dysfonctionnelle ou minée par l'alcool. Le rétablissement signifie la reconnaissance de l'amour de Dieu en sachant que ma guérison est une expression de ma Puissance Suprême.

Lorsque je ressens que la crainte ou le désespoir sont sur le point de m'immobiliser, je me souviens que ces conditions sont des résidus des schémas descriptifs de ma famille d'origine... et rien de plus!

J'établis mes choix quotidiens afin d'éloigner les croyances ou les sentiments qui me repoussent dans les cycles auto-défaitistes. Je vis ma destinée selon la croyance absolue que je mérite de découvrir la joie et le bonheur.

LE PERFECTIONNISME

JE CÉLÈBRE MON HUMANITÉ

Je refuse de concentrer mes énergies sur toutes les petites choses que je fais mal. Est-ce que je m'engage dans une recherche quotidienne des défauts de caractère, chez moi et chez les autres? S'arrêter au perfectionnisme ne contribue aucunement à l'avancement de ma spiritualité ou de mon rétablissement. Aujourd'hui, je reconnais que Dieu seul est parfait.

Aujourd'hui, j'abandonne ma culpabilité irrationnelle qui m'emprisonne dans un comportement destructif. Je commence à reconnaître que la spiritualité en proie à la culpabilité peut-être un malaise spirituel. Il n'est pas nécessaire que je participe à un comportement obsessionnel et que je m'impose une pénitence en raison de mon humanité.

Je progresse de façon stable à ma croissance spirituelle et je saborde ma culpabilité irrationnelle et mon perfectionnisme méticuleux.

LA COLÈRE

JE SUIS LIBRE D'ABANDONNER MA COLÈRE

Aujourd'hui, je découvre des façons d'abandonner ma colère. Je peux en venir à des décisions rationnelles et saines quant à la façon de m'exprimer. Que ce soit par le biais de consultations, d'un journal quotidien, de cris, de confrontations, je cherche une façon de m'exprimer.

Je sais qu'intérioriser ma colère n'apporte rien. Je ne ravalerai pas mon agressivité en rationalisant le fait que je suis coupable ou responsable de ce qui m'est arrivé dans mon passé. Je me libère des maux d'estomac, de dos, de tête, et de tout autre problème résultant du déni de mes émotions.

Ma colère ne tuera personne. Je suis puissant(e), mais mes émotions ne sont pas au point de frapper quelqu'un. Au niveau de ma santé mentale et physique, j'entends changer mon attitude quant aux règles malsaines que j'ai apprises et à l'obstruction de la libre expression.

Je refuse de rester dans un piège où je bouillonne, où je me vautre dans la dépression. De mon propre gré, avec un esprit ouvert, je profite de la libre expression de mes émotions.

LA GUÉRISON

AU FUR ET À MESURE QUE MA GUÉRISON PROGRESSE, JE SUIS ATTIRÉ(E) PAR LES RELATIONS SAINES

Je suis capable de choisir des relations qui sont bonnes pour moi. Je ne suis plus attiré(e) par l'«exaltation» de m'engager dans une relation avec des gens qui sont codépendants, névrosés, pratiquants ou pas vraiment gentils. Lorsque je suis las(se) des hommes et des femmes qui sont stables et qui me traitent bien, je reconnais qu'il s'agit là d'un schéma autodéfaitiste.

Au fur et à mesure que je me rends compte de mon processus de guérison, j'apprends à me sentir bien avec moi-même. Cela signifie que je n'ai plus le goût de me sentir enlisé(e) dans des relations ridicules. Je n'ai plus besoin de la turbulence qui existait dans ma famille d'origine.

Au moment où mon image s'améliore, j'attire des gens qui me traitent avec respect. Tranquillement, mais assurément, je me dirige vers des gens qui vivent une existence saine - des gens qui se sentent bien envers eux-mêmes et envers moi.

L'INSTINCT DE CONSERVATION

JE PRENDS MES DÉCISIONS DANS MON MEILLEUR INTÉRÊT

Aujourd'hui, je prends mes décisions dans mon meilleur intérêt. Jamais plus, je n'endurerai une relation abusive.

Dans mon foyer, j'avais l'habitude de vivre avec l'aliénation. Cette existence avec un parent dépendant m'a préparé(e) à ma survivance. J'ai appris à m'engager dans une relation destructive, et ensuite à attendre et espérer que la démence cesse. J'ai appris à voir une personne non pas pour ce qu'elle est, mais pour ce qu'elle deviendrait peut-être... si seulement.

Je sais maintenant que je dois me protéger émotivement. J'ai appris qu'il n'est pas sécuritaire de placer mon psychisme entre les mains d'une personne démente. Mon but sur la terre est de ne pas me laisser abuser émotivement ou physiquement. Il est primordial que je prenne soin de moi, avec délicatesse.

Je n'ai pas besoin d'attendre de permission afin d'obtenir l'aide d'une relation ou d'y mettre fin lorsqu'elle devient abusive. Je peux obtenir l'appui, mais je n'attendrai pas l'approbation générale des autres avant de faire mes choix. Ma vie m'appartient.

LES SAISONS

AUJOURD'HUI, J'ÉPROUVE BEAUCOUP DE SATISFACTION DANS LES CHANGEMENTS

Je suis conscient(e) des changements en moi et je m'en réjouis. Mon esprit véritable s'affirme. Je suis robuste, authentique et je mords dans la vie, à l'unisson avec le monde qui m'entoure.

L'automne apporte le mûrissage, la maturité des fruits. L'automne m'appartient, je suis libre de moissonner l'abondance qui m'entoure. Les feuilles changent de couleur et tombent sur le sol. Moi aussi, je traverse une période de changement.

Mon âme et mon esprit sont en parfaite harmonie avec les saccades et la fraîcheur automnales, et je sens le génie artistique d'une Puissance Suprême dans la planification et l'évolution de toutes les choses vivantes. Je suis partie intégrante de la nature, aussi unique et parfait(e) que tout autre élément de la nature qui m'entoure.

Je me réjouis devant mon rétablissement, m'amuse devant mes changements et ma croissance qui me permettent de me sentir en harmonie une fois de plus avec la nature.

LES CHANGEMENTS

JE SUIS CAPABLE DE PROVOQUER DES CHANGEMENTS DANS MA VIE

Je suis capable de faire des changements dans ma vie. Je peux changer les situations ou modifier les choses selon mes croyances, mes pensées ou mon comportement. Au moment où je contemple le parcours de ma vie et que je vois mes erreurs, mes mauvais choix, je me demande parfois si je réussirai à transformer mon fichier d'échecs en un schéma de succès. Je sais que contrairement à d'autres créatures du monde, j'ai eu la possibilité de modifier mon programme. Je ne peux revenir sur le passé, mais je peux retoucher mon attitude concernant le présent et le futur.

Lorsque je ressens un malaise émotionnel, j'apprends à être à l'écoute de mes sentiments. J'identifie la source de dérangement, je constate ce qui doit être modifié et j'ai recours aux moyens nécessaires pour régler le problème. Si nécessaire, je mets fin à la relation qui était à la source du problème. Je refuse de tolérer une situation qui engendre le chambardement et le désespoir.

Je ne veux pas demeurer emprisonné(e) dans une relation, un endroit ou un état d'esprit qui compromettent ma santé ou ma sérénité. Le changement est nécessaire à la croissance, et je suis capable d'apporter les modifications qui s'imposent dans ma vie.

L'INTIMITÉ

JE VOIS L'IMAGE GLOBALE DANS MES RELATIONS INTIMES

Dans une relation intime, je verrai et les arbres et la forêt. J'opte pour une perspective générale qui englobe la variété infinie qu'offrent les relations. Je serai dans le moment présent et, pourtant, je ne me laisserai pas envahir par les détails qui se présentent. Cela veut dire que je peux aimer quelqu'un profondément et être en conflit avec cette personne. La validité de notre relation ne se juge pas selon les fluctuations de sentiments, d'un moment à l'autre.

Lorsqu'il s'agit d'intimité, il est important d'avoir une image globale. Je refuse de participer à un jeu de famille dysfonctionnelle de «soit... soit...»: soit je l'aime, soit je le(la) déteste, je ne veux plus avoir d'affection pour elle; soit notre relation est toujours enivrante, ou il se passe quelque chose de terriblement mauvais.

Aujourd'hui, je cesse de figer des moments qui sont disparus depuis longtemps. Lorsqu'il s'agit d'intimité, j'entends faire l'expérience du moment, la ressentir et la laisser se dissiper, alors que je vis le moment suivant, l'aventure suivante.

LA TOUR D'IVOIRE

JE SUIS EN PAIX DANS MA
TOUR D'IVOIRE

Il y a certaines choses que je dois faire seul(e). Respirer n'est pas une activité de groupe. Je reconnais mon besoin de relations, mais je ne me définis pas totalement par mes relations ou par les rôles que je joue.

Je dois progresser par moi-même dans mon rétablissement. Je peux obtenir l'amour et l'appui de gens autour de moi, et le travail que j'ai accompli ne peut se faire en groupe. Les efforts doivent venir de moi.

Enfin, je suis conscient(e) que ma croissance ne revient qu'à moi. En définitive, je me retrouve dans ma tour d'ivoire humaine. Cela ne veut pas dire que je souffre de solitude ou d'isolement, mais seulement que je ne résiste pas, que je ne nie pas les responsabilités de ma propre vie. Puisque je reconnais mon autonomie et ma responsabilité, je ne suis pas engagé(e) dans une relation de dépendance qui comble un vide complet.

Je me vois comme une personne entière et complète. Je ne m'accroche pas. Je fais la paix avec ma solitude.

LE BONHEUR

LA SATISFACTION ET LE
BONHEUR FONT PARTIE
DE MON LOT

Je découvre que tout ce qui est nécessaire à mon bonheur est en moi. Aujourd'hui, je me donne totalement à la vie et à l'expérience de la béatitude. Je sais que je le mérite, je l'accepte donc.

Aujourd'hui, je me libère de mes fausses croyances à l'effet que les autres ont le pouvoir de m'apporter le bonheur ou le malheur. Les gens, les endroits et les choses n'ont aucun contrôle sur moi. Les croyances, les sentiments et les comportements des autres ne m'intimident aucunement.

En ce moment, je suis libre d'exprimer mon amour et mon enthousiasme. Le processus de mon rétablissement m'a fait découvrir en moi tout ce dont j'ai besoin pour connaître le bonheur.

Je ne pousse ni ne combats pour en arriver à une plus grande acceptation de moi. Aujourd'hui, je relaxe tout simplement et je permets à ma Source Suprême d'ensoleiller mes jours avec facilité, avec joie.

LE RÉTABLISSEMENT

L'AUBE DE MON RÉTABLISSEMENT EST ICI

Au moment où je me lève ce matin, j'ouvre ma conscience, j'accueille l'aube. Pendant trop longtemps, j'ai voulu vivre dans l'ombre. Je préférais me dissimuler dans la noirceur plutôt que faire face à la lumière de la vérité. J'ai longtemps eu peur de découvrir qui j'étais. Je sais maintenant qu'en dépit de ce qui peut se produire, je ne peux plus faire marche arrière et vivre dans la noirceur.

J'ai longtemps retenu mes sentiments et bloqué mon expression naturelle. Jamais plus je ne retournerai à une telle existence. Mes besoins sont réels et méritent mon attention. J'ai besoin qu'on me touche, qu'on m'aime, qu'on m'écoute et qu'on prenne soin de moi.

Comment puis-je obtenir ce dont j'ai besoin? En formulant des mots que je n'ai jamais utilisés comme: «je suis,» «j'ai besoin,» et «je ressens» - ils font maintenant partie de mon vocabulaire. Enfin, je m'avance vers l'aube de mon rétablissement et je célèbre ma vie.

LES FÊTES

J'ATTENDS LA SAISON DES FÊTES AVEC UN ESPRIT OUVERT ET JOYEUX

Pendant le temps des Fêtes, j'entends m'entourer de gens qui m'appuient et qui se soucient de moi. Je ne me soumets plus aux situations d'anxiété ou de dépression. C'est une saison de joie et je mérite la paix et la bonne volonté... envers moi!

Je sais que mes attitudes et mes croyances ont un effet direct sur mon expérience. J'ai décidé de croire que je peux et que j'aurai une période des Fêtes heureuse et merveilleuse. Le type d'expériences négatives que j'ai possiblement vécues au cours de mon enfance, le Jour de l'action de grâce, à Noël, au Jour de l'an, ne m'empêcheront pas de profiter de la joie des Fêtes dans ma vie adulte.

Aujourd'hui, je décide que la façon dont je célébrerai la saison sera la bonne. Il n'est point nécessaire que ce soit parfait - mes attentes seront réalistes.

Au moment où cette période enivrante approche, je prépare mes activités et je prévois être avec des gens que j'apprécie. En ce moment de l'année, je tournerai mon attention vers ma Source Suprême qui m'indique la façon de vivre ma vie.

LES ATTENTES

LES GENS QUE J'AIME
SONT HUMAINS

Aujourd'hui, je relâche mes attentes irréalistes des autres. Aujourd'hui, j'abandonne la croyance qu'en faisant confiance aux autres je me fais du tort. J'en fais de même avec la notion que si une personne m'aime, elle me fera du mal.

Si j'ai été bessé par les autres dans le passé, je sais que ce n'était pas prémédité ou intentionnel. Je suis assez réaliste pour savoir que même lorsqu'on aime, on est, après tout, humain... imparfait.

Je n'ai pas la consistance émotive d'un enfant. Il n'est pas nécessaire que les blessures que je connais comme adulte revêtent la même signification dévastatrice.

Aujourd'hui, je n'entends pas abandonner mon intimité parce que j'ai souffert par le passé. En ce jour, j'examine mes attentes et je reconnais que les gens, après tout, ne sont qu'humains.

LA RÉVÉLATION DU MOI

AUJOURD'HUI, JE SORS DE MA CACHETTE

Bien souvent, dans ma famille d'origine, je devais demeurer invisible. Comme enfant, on m'ignorait parfois - on abusait de moi. C'était trop risqué de me présenter devant le monde. Je cachais mon être véritable, je me sentais en sécurité. J'ai découvert un refuge dans l'invisibilité.

Dans ma vie adulte, j'ai découvert que trop souvent, je suis invisible envers moi-même. Si j'oublie mes besoins, je renie mes émotions. Je n'ai pas peur du risque d'afficher devant les gens qui je suis vraiment. Je me rappelle que je n'ai pas à être invisible dans ma vie adulte. Je ne suis plus victime de ma biographie.

Aujourd'hui, je m'accorde la permission de sortir de ma cachette. Je suis un être humain en chair et en os, et je peux participer pleinement à la vie sans crainte de punitions ou de conséquences négatives. Aujourd'hui, je fête mon entrée triomphale dans le monde.

LE RÉSEAU D'ASSISTANCE

JE TENDS LA MAIN VERS
LES GENS SOUCIEUX

Aujourd'hui, je ne suis plus seul(e). Je recherche ceux qui se soucient. Parfois, je m'isole des autres en étant démesurément critique. Je n'ai plus l'intention de m'exprimer de cette façon, de classer les gens comme meilleurs ou pires que moi. Aujourd'hui, j'accorde un repos au juge en moi. De cette façon, je commence à me sentir plus impliqué(e) dans la communauté.

Certaines personnes dans ma communauté auraient avantage à me connaître, tout comme il me serait bénéfique de les connaître. Il existe certains groupes auxquels je peux me joindre, où je pourrais en connaître davantage sur moi et mes relations avec les autres.

Aujourd'hui, je chéris l'occasion d'établir un réseau d'assistance. Aujourd'hui, je cultive l'attitude qu'il m'est préférable d'explorer que de critiquer et de m'éloigner des gens. Petit à petit, je fais de nouvelles connaissances, j'engendre de nouvelles amitiés sans jugement. Je ne suis pas seul(e) dans ce monde.

L'INTIMITÉ

JE PEUX ÊTRE INTIME
SANS ME PERDRE

Une relation intime et saine est possible pour moi. Lorsque je suis intime avec une personne, cela ne veut pas dire m'étouffer et me perdre. Je n'ai pas l'intention de m'engager dans une relation comme secouriste à la rescousse d'une personne qui est en train de se noyer. Lorsque je fonctionne dans ce rôle, je suis en danger d'être «attiré(e) vers le fond» et de me noyer. Je deviens emprisonné(e) entre mon désir d'une relation intime et ma crainte d'une association trop engagée.

Aujourd'hui, je reconnais mon désir d'être intime et ma crainte d'intimité. J'utilise ces sentiments pour me protéger et pourtant je m'accorde la permission d'aller chercher le rapprochement dont j'ai tellement besoin.

Aujourd'hui, j'abandonne la notion que pour être en sécurité, je dois demeurer à l'écart. Il n'y a aucune raison pour que je demeure isolé(e) lorsque je choisis d'être avec un autre être humain.

LES PERCEPTIONS

AUJOURD'HUI, JE FAIS CONFIANCE À MES PERCEPTIONS

En ce jour, j'affirme que ce que je vois et ce que je ressens est authentique - je peux me faire confiance. Je suis en parfaite harmonie avec mon expérience, mes sens et mon intuition.

Comme enfant, j'étais influencé(e) par la règle du silence dans ma famille et j'en suis venu(e) à ne plus avoir confiance en mes perceptions. Le déni constant qu'il y avait un problème à la maison m'a forcé(e) à croire que l'être fou c'était moi. Ce schéma, plus que tout autre, m'a apporté peine et désappointement.

Combien de fois n'ai-je pas tenu compte de mes propres signaux d'avertissement? Je me suis engagé(e) dans une relation que je savais mauvaise pour moi. Je me suis précipité(e) dans des situations que je savais dangereuses. Combien de fois dois-je encore foncer, tête première, dans un mur de brique et me faire mal?

Pendant des années, j'ai tenté de reculer le mur. Aujourd'hui, je marche dans une direction différente. J'apprends à contourner les heurts en voyant les gens et les faits comme ils le sont véritablement - non pas en fonction de ce que je souhaiterais. Je suis très capable de percevoir la réalité et de juger de ce qui m'attend. Je formule donc mes décisions dans mon meilleur intérêt.

LES EXPÉRIENCES

AUJOURD'HUI, JE RENDS HOMMAGE AU PASSÉ, AU PRÉSENT ET AU FUTUR

Aujourd'hui, je rends hommage aux leçons du passé. Mes expériences m'ont amené(e) à un niveau de conscience qui n'aurait peut-être pas été possible autrement.

J'abandonne mes ressentiments et je me rends compte que mes parents ont fait de leur mieux. En jetant un coup d'oeil sur mon passé, j'éprouve une certaine sensation d'émerveillement sur mon processus de guérison.

Je suis reconnaissant(e) envers le présent pour toutes les expériences enrichissantes qu'il m'apporte. Quand je peux vivre dans le moment présent, je participe pleinement à la vie. Je chéris ces expériences et je m'ouvre afin de vivre toute la gamme des émotions.

Je rends hommage au futur pour les rêves et les visions. Je deviens le type de personne que je voulais être. Ma possibilité de rêver et de penser à la magie de la vie m'aide à utiliser toutes les situations critiques comme un véhicule pour me conduire dans la direction que je désire. En pouvant envisager une meilleure existence, je peux accueillir l'incertitude avec courage.

LE PLAISIR

J'AI LA LIBERTÉ DE M'ASSOCIER À MON PROPRE PLAISIR

Lorsque j'ai de l'amour-propre, je m'intéresse au bonheur de mon(ma) partenaire - je n'en suis pas responsable. Je veux connaître ce que mon(ma) partenaire aime, sans endosser ses responsabilités face à son bonheur sexuel.

Le sexe fournit l'occasion de partager l'amour ce n'est pas un moyen pour moi de prouver ma valeur personnelle. Lorsque je choisis de «plaire» ou «d'exécuter», je me distance de mes vraies pensées, de mes vrais sentiments et j'ai des doutes; l'insécurité s'installe.

Comment déterminer si je prends trop de responsabilités? En exprimant mes désirs et en encourageant mon(ma) partenaire à faire de même. Tout comme je désire la liberté d'être associé(e) à mon propre plaisir, j'accorde à mon(ma) partenaire la même liberté. J'accepte d'être guidé(e), sans domination, par mon intérêt pour le plaisir de mon(ma) partenaire.

L'HONNÊTETÉ

J'UTILISE DES COMPORTEMENTS QUI ACCÉLÈRENT MON RÉTABLISSEMENT

Lorsque je ne me sens pas libre d'exprimer directement mes désirs, je tente parfois de les satisfaire indirectement, par un comportement manipulateur. De cette façon, il se peut que j'obtienne ce que je désire à brève échéance, mais à longue échéance, je crée une distance plutôt qu'un rapprochement avec les gens.

Dans mon foyer, j'ai appris qu'une expression honnête produit rarement des résultats positifs. Certains de mes modèles m'ont fait comprendre que l'on ne parvenait à ses fins que par la manipulation et la communication malhonnête. Dans ma vie adulte, je me rends compte qu'exercer une coercition par manipulation des gens, en jouant avec les éléments de sympathie ou de culpabilité, stimule l'amertume.

Aujourd'hui, je communique honnêtement. J'ai le courage d'être ce que je suis, d'exprimer mes pensées, mes sentiments et mes désirs. Je suis en position d'abandonner la manipulation comme stratégie de survivance. Je refuse de saboter mon rétablissement en retournant à la malhonnêteté.

LE RESPECT DE SOI

JE CROIS EN MOI

J'accepte que je suis maintenant un canal pour l'infini. J'ai accès au réservoir universel. Lorsque j'ai soif, je comble mon désir de boire, je plonge ma coupe dans l'eau en sachant que je peux en puiser à satiété.

Jadis, mes doutes personnels m'empêchaient de connaître mes désirs. Je me sentais indigne du réservoir. Mon manque de foi m'isolait de l'universel.

Aujourd'hui, je m'accepte comme canal. Je crois en moi.

L'OUVERTURE VERS LES
NOUVEAUX DÉPARTS

JE SUIS OUVERT(E)
AUX NOUVEAUX DÉPARTS

La vie est un cycle qui comporte un nombre infini de nouveaux départs. Je m'avance dans de nouvelles situations et relations avec un émerveillement mêlé de craintes révérencielles. J'apporte mes désirs avec moi et j'ose reconnaître ce que m'apportent mes nouvelles rencontres.

Si, par le passé, je m'approchais des nouveaux départs avec le coeur pincé et la crainte d'un échec, je rejette maintenant ces vieux schémas. Ma peur du désappointement et du rejet ne me contrôle plus. J'accepte les yeux grands ouverts, le coeur sur la main.

J'accueille ce jour avec le désir d'entrer totalement dans la vie. Je m'apprête à vivre de nouveaux départs avec une joyeuse impatience.

LES PENSÉES DE HAUT CALIBRE

JE N'ACCUEILLE QUE LES PENSÉES DE HAUT CALIBRE

Aujourd'hui, je me souviens que les conflits extérieurs ne peuvent pénétrer ma conscience - à moins que je ne leur permette de le faire.

Comme enfant, j'avais l'impression que je n'avais d'autre choix que d'inclure mon environnement menaçant dans mon expérience de vie. J'ai traîné cette condition dans ma vie adulte et elle m'a laissé(e) constamment en alerte d'une attaque, même en l'absence d'une menace véritable.

En ce moment, je filtre ces idées, ces conflits, les circonstances négatives qui nuisent à mon progrès. Je baisse les armes en découvrant soudainement qu'il n'est pas nécessaire, en tout temps, que je me prépare à la guerre. Je n'ai qu'à reconnaître ma possibilité de n'accueillir que les pensées du plus haut calibre.

Il n'est plus nécessaire que je reste syntonisé(e) aux influences négatives. Aujourd'hui, je développe une sensibilité spirituelle qui attire des expériences d'amour et de valorisation du Moi.

LA COHÉRENCE

MES PAROLES ET MES ACTIONS SONT EN PARFAITE HARMONIE

Au moment où ma santé s'améliore, je découvre le sens limpide de mes propres valeurs. Pendant des années, j'étais trop occupé(e) à plaire aux autres. Je n'avais aucune indication de ce que mes pensées, sentiments et opinions représentaient dans une situation donnée.

Aujourd'hui, je peux communiquer ce que je crois être important pour moi. Partager mes valeurs signifie beaucoup plus qu'annoncer mes croyances au monde. Je dois m'assurer que mes actions reflètent mes valeurs. Lorsque j'agis sans conséquence, mon comportement m'amène parfois à contredire ce que j'affirme croire.

Comme parent, ami(e), employé(e) ou amant(e), je m'assure que ce que je dis et ce que je fais sont en harmonie.

LA REVENDICATION

J'APPRENDS À REVENDIQUER

Tout comportement plaisant - qui n'inflige aucun mal - m'est désirable. Le comportement que j'interprète comme un viol - qui exploite et qui provoque des blessures corporelles - est néfaste. J'ai le droit de refuser de participer à un tel acte si je le juge déplaisant. Tout comme je dois respecter le goût et les préférences des autres, j'insiste sur la réciprocité.

Comme enfant, on ne respectait pas mes bornes. Je sentais souvent qu'on envahissait mon espace, mon temps et mes émotions. Peut-être que j'ai appris à penser que c'était normal, que je n'avais pas le droit de dire «non!» à quiconque, à quoi que ce soit. Ce que j'ai appris était de tolérer en silence tout comportement inopportun.

Aujourd'hui, je suis adulte et libre. Libre d'énoncer clairement ce que j'aime, ce que je n'aime pas. Je suis libre de dire ce que je ferai, ce que je ne ferai pas. Je n'ai pas à participer à une activité que je considère effrayante ou déplaisante. Je réclame de tout coeur cette liberté. J'ai appris à me tenir debout et à m'exprimer.

LA FOI

J'AI LA FOI ABSOLUE QUE MA BEAUTÉ INTÉRIEURE SE FAIT JOUR

Je me rappelle aujourd'hui que je suis une personne unique qui a beaucoup à offrir. Si je n'ai pas encore découvert mon caractère unique, au moins je me plais dans sa poursuite. Qu'est-ce qui m'empêche de faire cette découverte? Je découvre que ma caravane ne s'arrête que lorsque je bloque mon propre chemin.

Est-ce que je me compare continuellement aux autres? Si je tombe dans ce piège, il est temps que je m'arrête et que je demande à Dieu de me souligner mes dons. Je me rappelle doucement que je ne suis pas en concurrence avec les autres. Je suis plutôt en voyage dans la découverte du Moi.

Est-ce que j'envie les autres pour leurs dons en espérant que je sois eux et elles? Voilà une perte de temps et d'énergie qui n'amène qu'à la frustration et au mécontentement. Je me rends compte maintenant que j'ai en moi tous les besoins d'expression et le caractère unique du Moi.

Je refuse de m'abaisser en cédant à ces pièges. Au cours de mon voyage spirituel, j'ai accompli beaucoup - ce n'est pas le temps de me décourager. Je suis une personne changée, et je veux continuer à changer tout en explorant mon caractère unique.

LA DÉCOUVERTE

J'AI UNE INFLUENCE POSITIVE SUR LES GENS AUTOUR DE MOI DE FAÇON LA PLUS POSITIVE

Aujourd'hui, mon attention n'est pas de «fixer» les autres, mais de créer un état de bien-être dans mon for intérieur. Au moment où je découvre de nouvelles façons d'améliorer la qualité de ma vie, j'ai la certitude que je reflèterai ce bien-être aux autres.

Dans mon effort pour venir en aide à autrui, peut-être que je me suis égaré? Si ma vie est pleine de contradictions, de ressentiments et d'insécurité, je sabote peut-être inconsciemment la croissance de ceux qui sollicitent mon aide.

Je dois me rappeler qu'en tant que personne-ressource, je ne peux que provoquer une réaction au changement. À la fin, chaque personne doit décider ou non de s'embarquer dans une croisière différente.

Je me juge sévèrement, peut-être parce que je juge et condamne les autres sévèrement. Je dois désarmer mes propres missiles de destruction contre moi et contre ceux qui m'entourent. Avec une plus grande conscience de sécurité, de support et d'appréciation du Moi, j'influence mon entourage de façon positive.

ÊTRE CENTRÉ

JE SUIS CENTRÉ ET
RIEN NE PEUT ME DÉRANGER

Aujourd'hui, je prendrai un moment pour devenir équilibré(e) et pour découvrir mon Centre. Lorsque je le retrouve, je suis paisible, agréable et en harmonie.

Je refuse de laisser la jalousie ou la mesquinerie entrer en conflit avec mon raisonnement. Au cours de cette journée, je ferai preuve de tolérance et de compréhension envers moi-même, envers les autres.

Le comportement auto-défaitiste n'est pas bienvenu dans ma conscience aujourd'hui, parce que je me maintiens au centre, dans l'harmonie de l'amour de Dieu.

Je peux vivre l'expérience, la découverte de la sensation d'être au centre et en paix. Dans mon foyer, les expériences d'harmonie et de paix étaient inexistantes. La cohabitation paisible ne m'était pas enseignée.

J'ai le choix de découvrir cet oasis de quiétude qui existe en moi. Tout émane du centre de moi et je j'expérimente ce bienfait longtemps attendu.

L'UNICITÉ

JE PEUX ÊTRE UNIQUE.
JE PEUX RENDRE HOMMAGE À
L'UNICITÉ DES AUTRES

Je découvre mon unicité avec le passage des jours. Nul n'est pareil sur cette terre. J'ai été placé(e) sur la terre pour développer ce potentiel spécial, que je suis seul(e) à posséder.

Je suis en quête des réalisations et de la spécificité des êtres qui m'entourent et je les bénis. Leurs merveilleuses qualités n'enlèvent rien à mes attributs spéciaux. Les sentiments de jalousie et d'envie ne font pas partie, aujourd'hui, de ma conscience.

Je m'accorde la dignité, ainsi qu'à mon entourage, en reconnaissant et en respectant le caractère unique des autres. Je peux apprendre d'eux, puisque je suis, moi aussi, unique et je ne me sens aucunement diminué(e) en leur présence.

LE RÉAPPROVISIONNEMENT

JE FAIS UNE PAUSE, JE RÉFLÉCHIS ET JE REFAIS MES ÉNERGIES

Aujourd'hui, je me réserve un peu de temps calme pour réfléchir et refaire mes énergies. Je me distance quelque peu, me désengage du tohu-bohu de la vie.

Je m'offre quelques minutes afin de respirer lentement et profondément en unisson avec mes rythmes naturels. Je relaxe mes muscles faciaux, les muscles de mes bras, de mes jambes, de mon cou et de mes épaules.

Je me sens calme et en paix. Au cours de cet exercice de relaxation et de respiration lente et égale, j'abandonne la clameur, le stress et le bruit derrière moi, je fais la pause et je laisse mes pensées jaillir paisiblement.

Aujourd'hui, je suis souple et je prends le temps de faire le plein.

LES AMITIÉS

JE SUIS À LA RECHERCHE D'AMITIÉS DURABLES

Aujourd'hui, je m'entoure de personnes qui se soucient de moi et me traitent bien. Je me rappelle que les amis(es) sont les gens qui sont là au moment de mes peines, au moment de mes joies. Ceux et celles que j'appelle mes amis(es) m'aiment.

Il n'est pas nécessaire que je soudoie les gens pour qu'ils deviennent mes amis(es). Je n'ai pas à ressentir qu'il faut que je couche avec quelqu'un, que je me soumette à un abus de verbiage ou que j'achète mes amitiés. Si j'investis beaucoup d'énergie dans les gens qui me rejettent, il est temps de me demander qui m'aime? - qui ne m'aime pas?

Aujourd'hui, je choisis avec soin ceux et celles qui font partie de mon cercle. Je tends la main en toute amitié à ceux et celles qui m'acceptent et qui s'acceptent.

LA RÉPÉTITION MENTALE

J'UTILISE MON IMAGINATION ET JE RÉSOUS MES PROBLÈMES

Aujourd'hui, je mets mes fantasmes au travail. Plutôt que de me répéter mentalement ce qui s'est produit lorsque j'étais enfant, j'imagine ce que j'aimerais voir dans le film de ma vie adulte.

Lorsque je suis sur le point de faire face à une situation stressante, je prends le temps de visionner la scène, j'imagine comment j'aimerais me sentir, comment je veux me comporter et comment je veux être traité(e). La réitération mentale me prépare à une situation de stress avec une cargaison de sentiments positifs.

Comment enfant d'une famille dysfonctionnelle, je connais peut-être très bien les fantasmes. C'est peut-être grâce à mon imagination que j'ai évité le trauma dans mon foyer. Aujourd'hui, je peux me transformer en mon propre parent attentif et me donner les messages sains que je n'ai jamais reçus.

Comme adulte, je mets mes fantasmes au travail. J'apprends à utiliser cette dimension comme outil à mon rétablissement et afin de m'aider à organiser ma vie de façon plus efficace.

LES BESOINS

AUJOURD'HUI, MES DÉCISIONS SONT FONDÉES SUR MES BESOINS

Qui est au volant? Est-ce que je prends mes décisions de façon consciente ou de façon inconsciente? Je me rends compte que parfois j'ai encore un Moi enfant qui a appris des règles irréalistes et dont les besoins demeurent inassouvis. Devant ces décisions, je dois faire des choix avec mes connaissances d'aujourd'hui, et non en fonction des règles irrégulières de mon enfance. Tout comme je ne permettrais pas à un enfant de neuf ans de me conduire en auto au travail, je ne pourrais pas envisager la vie avec mon enfant intérieur derrière le «volant».

Je décide dès aujourd'hui de passer à des choix qui sont bons pour moi. Je ne sens plus le besoin de vivre ma vie selon les besoins d'hier. Je décide du sentier à suivre, selon mes besoins d'aujourd'hui

LA FORCE INTÉRIEURE

JE POSSÈDE LA FORCE, L'HUMILITÉ ET LA PATIENCE

En ce jour, la chaleur, la cordialité et la lumière proviennent de mon for intérieur. Jamais plus, je ne ferai feu de tout bois. Dans la noirceur de mon enfance, je cherche la lumière. Je refuse d'être victime du cynisme et du désespoir.

Mon enfance désorganisée n'est maintenant plus qu'un souvenir. Ce qui m'est arrivé doit être tissé à la personne que je suis maintenant. Je ne me décourage plus à cause de mes anciens malheurs.

Je possède la force, l'humilité et la patience. J'ai la force de contrôler mes compulsions, l'humilité d'évaluer ma propre valeur, le courage de m'élever au-dessus de mes échecs, la patience et la confiance pour poursuivre mon rétablissement.

L'ACCEPTATION DE MOI

J'ACCEPTE MON CORPS

Aujourd'hui, je fais connaissance avec mon corps. Je m'accorde un moment et un endroit où je peux profiter de la quiétude et de l'intimité. Devant un miroir, j'étudie mon physique pendant quelques minutes. Je regarde les textures, les nuances, les formes. J'apprends à regarder ma sensualité et mon unicité.

J'apprécie mon corps et je refuse de participer aux sessions «n'est-il pas laid» en passant mon temps à déplorer les parties de mon corps qui sont trop grosses, trop petites, ou aux mauvais endroits. Lorsque je recherche la perfection physique, je me place en situation de danger en évitant un comportement compulsif.

Dès que j'accepte mon corps, mon esprit et mon intelligence, je deviens une personne plus complète, équilibrée. Quelles que soient mes proportions physiques, je suis adorable et sensuel(le).

LE PARTAGE DES RESPONSABILITÉS

JE PEUX PARTAGER CERTAINES RESPONSABILITÉS AVEC D'AUTRES

J'apprends à céder de mes responsabilités. Je n'ai pas à tout faire moi-même. En apprenant à laisser les autres m'aider, j'ai le temps de poursuivre les activités qui me sont importantes. J'ai le temps de faire mon propre travail, complètement et de façon efficace.

Apprendre à partager mes responsabilités est important pour moi et ceux qui m'entourent. Comme parent, je suis loin d'aider mes enfants en ne leur demandant pas de faire des travaux domestiques. Je travaille, je me dois, ainsi qu'à mon organisme, de partager les bienfaits de la participation avec autant de gens que possible.

Dans mon famille d'origine, je ne faisais confiance à personne. Lorsqu'il y avait un travail à faire, il fallait que je le fasse moi-même. Aujourd'hui, ce comportement est défaitiste.

J'apprends à faire confiance aux autres avec l'autorité nécessaire à prendre les bonnes décisions. Je ne joue plus le rôle du héros de la compagnie en présumant que je suis la seule personne qui peut faire du bon travail.

Je fais un pas important vers mon rétablissement en faisant assez confiance aux autres pour partager mes responsabilités.

LA LIBÉRATION DE LA CONTRAINTE

JE PRENDS MA PLACE SUR CETTE TERRE AVEC FIERTÉ ET DIGNITÉ

Aujourd'hui, je découvre des façons saines et satisfaisantes de faire dévier mes sentiments de stress. Lorsque je sombre dans un comportement compulsif, je me retrouve dans un cycle sans fin. Je ne veux pas utiliser la nourriture, le shopping ou le travail comme substitut de stimulant. Le problème qui en résulte en poids, en dépenses accrues ou en mauvaise santé perpétue mon faible amour-propre.

Aujourd'hui, je peux me sentir libre des rituels compulsifs. Je rejette l'idée du comportement ritualisé qui peut me protéger contre la détérioration. Je vois comment un comportement compulsif fait une victime de moi et affecte ceux que j'aime.

Si je suis impuissant(e) devant ma compulsion, je peux demander de l'aide. Il n'est pas nécessaire que je le fasse moi-même. Aucun secret n'est sombre ou repoussant au point qu'on ne puisse y faire face. D'autres l'ont fait, je ferai de même.

En sortant de l'isolement, je reprends ma place sur terre avec fierté et dignité.

LES PRIORITÉS

**J'ATTACHE BEAUCOUP D'IMPORTANCE
À L'AMOUR QUE J'ACCORDE À
MES AMIS(ES)**

Le rapprochement avec les autres est important pour moi. Dans mes efforts d'avancement et de succès, j'ai remis à plus tard le rapprochement avec les autres êtres humains. Peut-être que dans mon rôle de héros de famille, ou d'entreprise, je vois les relations comme un luxe que je ne peux m'offrir.

Aujourd'hui, je me rappelle que c'est moi qui détermine mes propres priorités. L'argent, la santé et le succès sont importants, mais je dois aussi reconnaître la richesse que m'apportent les amis(es) aimants(es).

Je me rends compte aujourd'hui que j'ai besoin de gens à qui je peux parler. J'ai besoin de gens qui m'acceptent pour la personne que je suis - et non en fonction de mes revenus ou du poste que j'occupe.

Je comprends qu'une certaine solitude est inévitable sur ma route vers le succès, mais je ne me complais pas dans ma solitude. Sur ma route, la solitude est une chose que je m'impose. Aujourd'hui, je tends la main à quelqu'un et je lui offre mon amitié.

LES OBLIGATIONS

JE ME PLACE À LA TÊTE
DE MA LISTE DE PRIORITÉS

Je décide, dès ce moment, de protéger mes priorités. Je refuse toute invitation et toute demande qui ne contribuent pas à la réalisation de mes objectifs. Je refuse, par le fait même, de vivre ma vie en fonction des priorités des autres.

C'est aujourd'hui le jour où je commence à évaluer mes obligations. J'évalue avec soin mes obligations sociales, mes obligations volontaires, ma besogne au bureau et à la maison. Je n'accepte aucune nouvelle responsabilité sans peser le pour et le contre en termes de temps. Je n'ai pas à prouver ma valeur en acceptant des responsabilités sans fin.

Je peux apprendre à dire «non!» avec tact et fermeté. Je rejette ma crainte d'offusquer les autres et mon anxiété devant le fait que je ne vis pas selon leurs attentes. Le prix que je dois payer pour cette forme de vigilance est beaucoup trop élevé.

Aujourd'hui, je me protège en éliminant les tâches non productives qui drainent mon horaire et mon énergie.

L'HONNÊTETÉ

JE RÉPONDS HONNÊTEMENT À MES BESOINS

Aujourd'hui, je m'engage à la libre reconnaissance de mes besoins en les comblant de façon saine. Je n'ai pas à chercher ce dont j'ai besoin indirectement en m'adonnant à de petits jeux. Plus je continue à jouer des parties de manipulation, moins ça me plaît.

La séduction, l'intimidation et l'impuissance sont des jeux qu'on jouait dans ma famille d'origine. Je les connais bien, mais je refuse maintenant de jouer. Ainsi, je ne m'affaiblirai pas en espérant recevoir de l'assurance, lorsque quelqu'un m'offre un compliment. Je ne tenterai pas d'attirer l'attention en provoquant des arguments inutiles.

J'arrive devant chaque situation en connaissant les coups positifs qui me sont offerts. La première chose à faire pour d'obtenir ce dont j'ai besoin, c'est de me rendre compte que je PEUX l'obtenir - que c'est possible et que je le mérite.

LA RECONNAISSANCE

J'ACCUEILLE CETTE JOURNÉE AVEC RECONNAISSANCE

Les expériences de ce jour sont ici AUJOUR-D'HUI. Les bienfaits m'entourent et ils sont faits pour mon bon plaisir MAINTENANT.

Je suis reconnaissant d'avoir cette vie, en sachant que toutes mes expériences se sont ajoutées à ma croissance et à ma façon de voir les choses. Je reconnais la promesse du futur, je ne m'attends qu'à de bonnes choses. Cependant, aujourd'hui, je centre mon attention sur le moment présent et je contemple le monde. Je vois beaucoup de bonnes choses pour lesquelles je dois souligner ma reconnaissance.

Comment dois-je vivre mes jours? Si je prends quelques moments et pour me mettre à l'écoute de ma voix intérieure, je comprends comment structurer mon temps et quelles activités je dois poursuivre.

Et dans toutes ces tâches, je fais la pause de temps à autre pour réfléchir et remercier. Je prévois un MAINTENANT comblé de bonheur et de belles occasions.

DE NOUVELLES CONNAISSANCES

J'AIME APPRENDRE

Je peux apprendre de nouvelles choses et m'amuser en le faisant. Si apprendre des choses a toujours été pénible, il n'est pas surprenant de voir pourquoi tout changement me faisait peur par le passé. Si j'avais honte à l'école ou à la maison, parce que je n'avais pas fait les travaux de la «bonne» façon, il est temps que je rajuste mes vues sur ma propre compétence.

Petit à petit, je deviens plus certain(e) de mon intelligence et de mes aptitudes. Lorsque quelque chose m'intéresse, la curiosité s'empare de moi et j'ai hâte d'apprendre. J'aime apprendre comment le monde fonctionne, comment les choses influencent ma vie.

Aujourd'hui, j'apprécie les occasions d'apprendre de nouvelles idées. Ma crainte de ne pas le faire «bien» s'envole dès ce moment. Je suis doué(e) d'une intelligence, de certaines aptitudes et j'aime apprendre.

LES DÉFENSES

AUJOURD'HUI JE PRENDS DES RISQUES

Je vérifie avec moi au cours de la journée afin de découvrir ce que je ressens. J'entends être authentique - sans masque, sans mur pour me cacher.

La défense devenait pratique quand j'étais enfant. Maintenant, je l'utilise pour éloigner le monde. Si je me défends tout le temps, je repousse ma propre vie. Je me suis caché(e) derrière tant de masques que parfois j'ai la sensation de m'être emprisonné(e). Il est difficile de me souvenir qui je suis vraiment.

Au moment où je laisse lentement jaillir mes sentiments, je permets à mon entourage de savoir qui je suis. Je n'ai plus à payer le prix élevé afin de m'isoler de mes sentiments. Je refuse de cacher aux autres ma vulnérabilité en prétendant être une autre personne. J'ai l'assurance que si je montre aux autres qui je suis, on m'aimera et on m'appréciera.

Dès que je dépose mes armes, mes craintes et mes boucliers, je commence à faire l'expérience de la vie. Apprendre à faire confiance aux autres et leur permettre de me faire confiance est infiniment plus sécuritaire que toutes les armes que je pourrais trouver.

LES RELATIONS

JE SUIS DIRECT(E) DANS MES RELATIONS

Je suis fort(e) et capable. Toutes mes idées de faiblesse disparaissent aujourd'hui. Je me rends compte que dans mon foyer, je décelais un bon nombre de formes de contrôle. J'ai constaté que jouer au «pauvre moi» ou au «petit enfant» était une arme aussi puissante que la force excessive. J'ai constaté que les faibles avaient aussi des armes. J'ai observé comment les défenses émotionnelles ruinaient les relations.

Je n'entends pas utiliser la faiblesse pour ranger mes responsabilités. Je ne placerai pas une autre personne en charge de ma vie, pour la blâmer ensuite de me dominer. En utilisant la faiblesse comme bouclier, non seulement m'est-il impossible de me faire des amis(es) mais je me retrouve captif(ve). Une relation basée sur la protection se fane rapidement et meurt.

Je veux être direct(e) dans mes relations. Je n'ai plus besoin de manipuler pour recevoir de l'amour. Ce que je désire, c'est recevoir ce que les autres ont à m'offrir.

Aujourd'hui, j'ai confiance que l'intimité fleurit lorsque le don vient vraiment du coeur.

L'IDENTITÉ

JE M'ACCORDE LA PERMISSION D'ÊTRE CE QUE JE SUIS

Je m'accepte, je n'ai plus à attendre la définition des autres, ou qu'ils m'accordent la permission d'être ce que je suis. Je n'ai plus besoin des «auditions», dans l'espérance que les gens reconnaissent ma valeur. Je me rappelle que lorsque je prétends être ce que je ne suis pas, je repousse les autres, je me repousse.

L'acceptation de soi ne signifie pas que je suis narcissique ou gonflé(e) d'orgueil. Lorsque j'ai la fierté d'être ce que je suis, je n'ai pas besoin de prendre de faux airs. Je m'accepte tout simplement comme je suis, je m'attends à ce que les autres en fassent de même.

Comme enfant d'une famille dysfonctionnelle, je m'engage honnêtement dans la recherche de mon être véritable. Je reconnais et je chéris tout ce que j'ai découvert jusqu'à maintenant.

Présentement, j'établis une solide fondation d'acceptation personnelle. Bien que le doute puisse occasionnellement faire surface dans ma confiance, je sais que ma fondation ne s'écroulera pas.

LE SYNDROME D'ASSISTANCE

JE ME DÉGAGE DU FARDEAU DE MON PASSÉ

Aujourd'hui, j'abandonne de tout coeur le fardeau d'épargner ma famille, d'épargner mes amis(es). Le secret de mon famille d'origine ne m'accable plus. Je suis libre de vivre ma propre vie et, un jour à la fois, je reprends mon équilibre.

Pendant des années, ma vie ressemblait à la légende grecque de Sisyphe, condamné à rouler une grosse pierre sur la pente d'une montagne - et la pierre retombait toujours avant d'avoir atteint le sommet. Sa tâche était sans fin. Jour après jour, il peinait en portant le fardeau du monde sur ses épaules.

Je suis las(se) de porter les autres sur mon dos. Aujourd'hui, je me tiens debout et je laisse l'excédent de bagages que je portais tomber au sol.

Aucun des êtres que je chéris ne me bannira si je vis ma propre vie. Avec ma nouvelle liberté, j'accueille cette journée, sans fardeau sur les épaules, complètement relaxé(e) et sans douleur.

LES AMITIÉS

JE CHÉRIS MES AMITIÉS

Je peux être engagé(e) dans une relation intime et maintenir d'autres amitiés. Je reconnais aujourd'hui que l'intimité avec une autre personne ne signifie pas que je dois bannir mes amis(es). L'amour ne se consume pas, même s'il est partagé.

L'alcoolisme isolait ma famille du reste du monde. Je me sentais séparé(e) de mes amis(es) d'enfance et, pourtant, je pourrais être tenté(e) de faire de même comme adulte.

Aujourd'hui, je vois des couples qui se séparent du reste du monde et finissent par s'user. Avoir mon(ma) partenaire comme seul(e) ami(e), représente une énorme responsabilité à placer sur un être. Je ne crois pas trouver ma pleine réalisation en me prenant dans un filet et en partageant ma vie avec une seule et unique personne.

Je ne rejetterai jamais une amitié au nom de l'amour.

L'ACCEPTATION DE SOI

JE SUIS UNIQUE

Je ne peux me comparer à personne et je ne peux concurrencer personne. Lorsque je sais que je fais de mon mieux, j'éprouve une grande satisfaction. Toutes les notions de «mieux» ou de «pire» se dissolvent. Lorsque j'entre en contact avec les autres, je peux admirer leur beauté et leur sagesse sans m'amoindrir.

Pendant des années, je souhaitais avoir un autre corps, une différente personnalité, une différente vie. Maintenant, je sais que c'est une perte de temps. Je m'éveille à ma beauté intérieure et je reconnais ma propre magnificence.

Aujourd'hui, je vois clairement qu'il n'y a personne pour me faire concurrence - il n'y en a jamais eu. Lorsque l'orchidée côtoie la rose, l'une est-elle plus parfaite que l'autre?

Dans mon rétablissement, je commence à comprendre que je suis extraordinaire et incomparable. Mes interactions avec les autres sont libres de toute notion de concurrence.

MOMENTS SPÉCIAUX

JE ME RÉJOUIS DEVANT LES MOMENTS SPÉCIAUX QUI EMBELLISSENT MA VIE

Les moments intenses font la différence dans ma vie. Je me sens chargé(e) d'émotions. Lorsque quelqu'un me fait part de quelque chose d'attachant, je sens l'émotion s'emparer de moi. De simples compliments comme «tu es magnifique!» peuvent ensoleiller ma journée. Ces moments sont chargés de signification et me donnent une dose spéciale d'énergie. Ce sont des moments qui me relèvent quand je me sens abattu(e).

On m'a porté à croire que la vie était faite de déceptions. Je vais me faire un point de me souvenir de ces moments spéciaux qui sont complets, riches et abondants. Je n'ai qu'à porter attention et à participer.

Une bonne partie de mon rétablissement est d'apprendre à profiter des beaux petits gestes qui rendent la vie si merveilleuse.

LA SEXUALITÉ

JE PERMETS À MA SEXUALITÉ DE SE MANIFESTER

Je célèbre l'émergence de ma sexualité. Je n'ai plus à porter des vêtements amples et sans goût afin de cacher ma silhouette. Jamais plus, ne serai-je obligé(e) de me présenter dans une toilette exagérée. Je ne perdrai pas l'appui des gens autour de moi si je permets à ma sexualité de faire surface.

Je commence dès aujourd'hui en allant chercher de l'information de base afin de découvrir comment les autres vivent leur sexualité et ce qu'ils en font. J'apprendrai aussi comment maintenir des amitiés à caractère sexuel. J'apprendrai comment dire «non» aux invitations sexuelles, tout en me sentant bien. Les rencontres sexuelles ne constitueront pas des tentatives futiles de combler les besoins d'un enfant qui a peur.

Mes expériences sexuelles seront de plus en plus satisfaisantes au même rythme que mon rétablissement.

LA RÉCRÉATION

J'APPRENDS À ME DÉTENDRE ET À PROFITER DE MES MOMENTS LIBRES

Les week-ends sont faits pour la détente. J'entends protéger mes moments libres en ne laissant pas mon travail déborder dans mes périodes de loisirs. Un changement de rythme de mon horaire quotidien rigoureux est comme une bouffée d'air frais. Je sais qu'en m'accordant des moments de jeu je contribue à mon efficacité au cours de la semaine.

Comme enfant d'une famille dysfonctionnelles, mes week-ends étaient remplis d'anxiété. Comme adulte, il n'est pas nécessaire que je sois toujours occupé(e) afin de fuir mes parents s. Ce week-end, je ferai l'effort de me retirer complètement de mes problèmes du bureau et de la maison. Je n'entends pas devenir martyre en me plaignant de mon manque de temps pour la relaxation. Il n'appartient qu'à moi de me réserver du temps.

Aujourd'hui, je fais des plans spécifiques pour remplir mes temps de libres et j'ai bien l'intention d'y donner suite. Cette semaine, je ressens la motivation de compléter mon travail, de sorte que je puisse bénéficier de quelques heures de détente.

LE RÔLE DE PARENT

J'AFFICHE UN COMPORTEMENT SAIN DEVANT MES ENFANTS

Comme parent, je participe à la découverte graduelle du Soi chez mon enfant. Mon objectif n'est pas de faire entrer mon enfant dans un moule, mais plutôt de lui enseigner les talents nécessaires afin qu'il profite d'une vie entière et productive. Aujourd'hui, je fais l'inventaire de mon rôle de parent et je me rends compte de mon comportement.

Mon enfance troublée me porte-t-elle à suffoquer et à surprotéger? Suis-je porté(e) à m'attendre à la perfection et à devenir critique devant mes propres enfants? Combien de fois suis-je à l'écoute de ma propre voix pour me rendre compte que c'est l'écho d'un parent codépendant? Dans ma hâte de fuir ma famille, j'ai peut-être entraîné certains «invités indésirables».

J'ai l'occasion d'enseigner l'acceptation, la fermeté et de l'amour-propre à mon enfant. Quel présent à recevoir, à donner! Mon enfant reflétera ce que je lui aurai enseigné et une génération libre de tout comportement destructif en jaillira.

LA COLÈRE

J'APPRENDS À CONTRÔLER
MES ÉMOTIONS

Je découvre des échappatoires pour ma colère. Je n'ai aucunement l'intention de la laisser mener ma vie.

Au cours des années, je l'ai canalisée de bien des manières... de façon à l'ignorer. J'ai peut-être utilisé ma compétence comme arme, exercé mes pouvoirs en devenant tyrannique, j'ai peut-être aéré ma colère en utilisant des produits chimiques ou de la nourriture ou en abusant de moi-même et des autres par mon comportement capricieux et destructif.

On m'avait enseigné que si je m'isolais de ma colère, elle disparaîtrait. Aujourd'hui, je sais que c'est précisément en m'isolant de mes émotions que je perds les outils me permettant de les résoudre.

Le jour est arrivé où je ne permets plus à ma colère de mener ma vie. Dorénavant, je ne dirigerai plus injustement ma colère envers mon(ma) partenaire, mon enfant ou mes collègues de travail. Lorsque je mets le feu aux poudres, dans toutes les directions, cela me rappelle les soûleries des alcooliques. Je me tourne plutôt vers quelqu'un, en quête d'appui.

L'ABANDON

JE SUIS SUR LA BONNE VOIE

La vie est un merveilleux voyage, lorsque je suis sur la bonne voie. Lorsque j'abandonne les lourds fardeaux de schémas, de pensées et de comportements usés, je suis comme le conducteur d'un train qui déplace les wagons inutiles sur les voies d'évitement afin de libérer la voie principale. L'abandon ne comporte aucune lutte. Les malentendus n'ont plus de pouvoir, ils dévalent et, finalement, s'arrêtent.

Je suis le conducteur qui a en tête la destination finale. Je sais où je m'en vais et j'ai confiance en la route que j'ai choisie. La voie a été nettoyée - tous les feux sont verts lorsque je connais ma destination. Je ne permets à aucune pensée, à aucun obstacle, à aucune limite de me pousser sur une voie d'évitement.

Ayant tout mon approvisionnement de carburant, de pensées saines, j'avance avec certitude sur la voie. Les arrêts que je fais en cours de route ne sont que pour mon bon plaisir. Tout au long de mon voyage, j'exprime l'acceptation du Moi et je fais l'expérience de l'amour, de la joie et de la paix... à toutes les stations.

ICI ET MAINTENANT

J'APPRÉCIE PLEINEMENT LE «ICI» ET LE «MAINTENANT»

Le temps est précieux et je m'efforce de vivre dans le ici et dans le maintenant. En ce moment, je cesse d'attendre la personne ou l'influence extérieure qui facilitera ma vie. Si je continue à attendre qu'on m'aide, j'attendrai possiblement pendant des années à la croisée des chemins, alors que ma vie me passera sous le nez.

Il y a peut-être des raisons de remettre à plus tard ce que je dois faire pour organiser ma vie. Peut-être que j'attends que la bonne personne se manifeste dans ma vie. Ou j'attends que mes enfants aient grandi, que mes talents soient découverts par une personne qui les appréciera et qui me récompensera somptueusement.

L'attente devient une procrastination, mes excuses m'emprisonnent dans le passé ou dans une geôle captive du futur. Aujourd'hui, je pense aux choses qui m'empêchent d'améliorer ma vie.

Comme enfant issu d'une famille dysfonctionnelle, je constate que vivre dans le «maintenant» ne veut pas dire que je peux ignorer, de façon insensée, l'histoire de mon passé ou oublier de préparer mon futur.

Je connais mon passé. Je vis le moment présent. Je regarde en avant, vers le futur.

LA CONFIANCE EN SOI

JE DÉCOUVRE CE QUI
EST BON POUR MOI

Je deviens mon propre penseur. À force de me faire confiance, je découvrirai ce qui est bon pour moi. Je ne suis pas ici pour me conformer aveuglément à ce que les autres affirment. Certaines de mes réponses proviennent de mes capacités à poser des questions sans sentir la honte ou la gêne.

Les plus grandes idées et les meilleures suggestions ne s'adaptent peut-être pas à mon intégrité, à mes objectifs ou à mon but dans la vie. Même les idéesque m'offrent ceux et celles que j'aime profondément ne sont peut-être pas les bonnes pour moi. Comme adulte, je peux exercer mon libre choix. Comme enfant issu d'une famille dysfonctionnelle, je me rends compte que c'est exactement le type d'exercice dont j'ai besoin.

Si une idée m'apporte un certain avancement, je l'explore. Si une suggestion contribue à réaliser mon potentiel, je l'accepte et j'en fais part à ma conscience. Si, en utilisant une nouvelle idée, je me rends compte qu'elle va à l'encontre de mon intégrité ou de mon but, je peux l'éliminer.

J'apprends à me faire confiance en découvrant ce qui est bon pour moi.

L'HARMONIE

J'ACCUEILLE L'HARMONIE
DANS MA VIE

J'apprends à me sentir chez moi dans une dimension de bonne santé, de prospérité et de saines relations. Il fut un temps où je ne me sentais pas naturel, à un moment où ma vie se déroulait pourtant bien. Je ressentais un certain inconfort et une nervosité, comme si j'attendais de perdre l'autre soulier, ou comme dans l'attente de voir l'harmonie de ma vie fracassée.

Mes pensées et mes sentiments n'étaient pas conformes. Chaque fois que je pensais: «je ne peux m'offrir cela» - immédiatement, je ressentais: «je ne le mérite pas». J'annulais ma commande avant de l'avoir placée.

Aujourd'hui, je sais et je sens qu'une nouvelle vie joyeuse m'attend. Je continue à dissoudre les notions défaitistes et je ne permets plus aux souvenirs douloureux de m'envenimer.

Dans mon rétablissement, j'accueille l'harmonie dans ma vie. Je me réjouis de ma bonne santé et de mes relations sympathiques. En même temps que je me libère de mes vieilles croyances restrictives, je cultive de nouvelles idées et j'attire les expériences les plus enrichissantes. Mes pensées et mes émotions réunies au moment où je célèbre la vie, en ce jour.

LES PRIORITÉS

AUJOURD'HUI, JE SUIS MA PRIORITÉ NUMÉRO UN

Aujourd'hui, je passe en premier. Je me respecte assez pour établir des priorités qui sont dans mon meilleur intérêt. Je me retire consciemment de l'esclavage des obligations que je m'impose.

Dans mon rétablissement, je suis capable de faire la distinction entre les engagements satisfaisants par nécessité, et les engagements satisfaisants par devoir, le travail pénible ou la culpabilité. Je dois m'accorder assez de temps pour alimenter la belle flamme en moi. Les moments d'inquiétude, les moments de joie et les moments d'expression de soi sont des nécessités et non un luxe dans ma nouvelle conception de vie.

Lorsque je me considère comme ma priorité numéro un, je m'occupe de mes besoins physiques, émotionnels et spirituels. Aujourd'hui, je prévois mon horaire afin de conditionner mon corps par des soins attentifs. Je m'accorde quelques moments pour nettoyer mon esprit et mes émotions de tout ressentiment et de toutes croyances auto-destructives. De ce fait, je suis libre de m'aimer, d'aimer mes semblables, mon travail et mon monde.

LE DÉSIR D'ACCOMPLISSEMENT

JE RÉALISE MON POTENTIEL
AU FUR ET À MESURE
QUE LE JOUR SE RÉVÈLE

Je m'entoure de vigilance et d'enthousiasme parce que j'ai de grandes choses à accomplir aujourd'hui. Mon sens de l'objectivité ouvre la porte et permet à mon énergie et à mes pouvoirs de se manifester. Mon but dans la vie est de révéler la nature de mon être véritable dans tout ce que j'entreprends.

Au fur et à mesure que la grande aventure de ce jour se déroule, je découvre que la joie de vivre filtre à travers mon corps. Un nouvel ordre dans ma vie me permet de vivre pleinement l'expérience de l'amour et de l'exaltation, de la paix et de l'harmonie.

À l'intérieur de moi, il y a tout ce dont j'ai besoin pour que cette journée soit remplie de réalisations et de succès.

Il y a des choses importantes et valables à faire au moment où le but de ma vie se révèle de façon magnifique. Ma vie est pleine de significations, même dans les menus détails.

Et, au moment où le soleil se couche, j'éprouve une grande satisfaction - je sais que je mérite un repos et une paisible solitude qui me permettent de reprogrammer mon cerveau pour le jour qui vient.

LA LIBERTÉ

JE SUIS EN CHARGE
DU FILM DE MA VIE

Je tiens la plume qui écrit l'histoire de ma vie. Je suis l'auteur(e) de ma destinée. Je ne peux continuer à reléguer mes responsabilités personnelles et à m'attendre à profiter d'une vie riche et entière. Lorsque je refuse de prendre mes responsabilités, je me retrouve devant un vide, une déception et je passe ma vie à chercher la raison.

Lorsque je prends charge de mes actions, je suis la personne qui récolte les avantages. J'apprécie la richesse et la texture de la vie. J'éprouve une immense satisfaction à vivre.

Je proclame être l'auteur(e), le(la) directeur(trice), la vedette de ma pièce. Ma vie ne se limitera pas à un film de classe B avec mon nom en minuscules à la fin du générique. Ma vie sera une saga digne d'un *Oscar*.

Je me réserve le rôle principal dans le film de ma vie.

LES AMITIÉS

MES AMIS ENRICHISSENT
MA VIE

Aujourd'hui, j'élargis ma vision de l'amitié, et par le biais de mes amis je peux voir le monde, et revenir vers moi. Je suis capable d'avoir des amis qui alimentent mon esprit, mes sens et mes émotions. Je peux être différent(e) avec chaque ami(e) en choisissant librement les différentes facettes de ma personnalité que je veux exprimer.

Je ne laisse pas échapper les nombreuses sources d'amitié qui s'offrent à moi: des gens âgés, des enfants, des personnes avec des antécédents exotiques, des personnes avec plus ou moins d'argent que moi; chacun de ces humains a le potentiel pour enrichir ma vie. Il m'est possible d'avoir des relations intimes avec des personnes du même sexe, ou du sexe opposé.

Aujourd'hui, je me rappelle que la personne que je deviens est la personne que je rencontre sur mon chemin. Dans mon rétablissement, mes amis sont ma plus précieuse ressource.

L'INTÉGRITÉ

J'ANNONCE AVEC FIERTÉ LE VÉRITABLE «MOI» AU MONDE

Aujourd'hui, je sais ce que je veux être. Je refuse de me séparer de mes besoins et de mes sentiments en prétendant que je suis... ce que je ne suis pas. Lorsque je me débranche du vrai Moi, je perds tout contact avec mon esprit. Je me sens un amorti(e) et un peu dépressif(ve). Je finis par rejeter une partie de moi-même. Aujourd'hui, j'entreprends mon éveil. Vivre en transe n'est pas ce que je vise. Si je ressens le besoin qu'on me touche, qu'on m'accorde de l'attention ou de la reconnaissance, je reconnaîtrai ces besoins sans honte.

Plus jamais je n'aurai besoin de prétendre que j'ai atteint un degré trop élevé de puissance et de perfection, pour ressentir des besoins. Jamais plus, je n'aurai besoin de «jouer la comédie» dans ma vie, en espérant capter, ça et là, des restes d'émotions. En ce moment, je prends le temps de penser à la personne que je suis vraiment et à ce que je veux vraiment.

Au cours de cette journée, je présente avec fierté le «vrai» Moi à mon entourage.

L'ATTITUDE POSITIVE

J'AI UNE ATTITUDE POSITIVE
ET SENSIBLE AU SUJET
DE MA SANTÉ

Ma santé ne peut jamais s'épuiser. Ma condition physique est comme une fontaine qui bouillonne constamment et m'offre mon plein d'énergie. J'apprécie mon corps et, de ce fait, j'actionne le débit d'énergie positive.

Ce que je pense et ce que je ressens produisent un changement. Aujourd'hui, mon défi est de promouvoir la santé dans mes pensées et dans mon comportement et de reconnaître que l'Esprit Divin participe activement à mon bien-être.

J'ai conscience de ma bonne santé. J'apprécie la liberté qui en découle. Je tends la main et je crois en la possibilité de capter tout ce que je désire dans la vie. Je plante mes pieds fermement sur la terre et reconnais mon appartenance à une saine réalité. Je prends une grande respiration et j'accepte les pensées positives, alors que je rejette les vieux schémas rassis.

Au fur et à mesure que j'avance dans cette journée, j'ai tout ce qu'il faut pour me sentir bien. J'exerce mes limites et je respire profondément et complètement, en sachant que j'ai tout ce qu'il me faut pour profiter des jours à venir.

LA LIBERTÉ

AUJOURD'HUI, LES SOLUTIONS SONT À LA PORTÉE DE LA MAIN

Lorsque je ressens un problème, je me souviens que j'ai des solutions à la portée de la main. Fort(e) de cette connaissance, les idées acquises se mettent en marche pour résoudre les difficultés. Je sais que tout changement ne se produit pas tout simplement.

Toute solution comporte parfois des changements fermes en pensées et en attentes. Toute solution demande une action. Lorsque j'ai vraiment l'intention d'avoir recours à une pensée affirmative, je peux m'attaquer à n'importe quelle question.

Aujourd'hui, je sais que je suis libre. Je peux utiliser ma liberté pour me donner toutes sortes de croyances négatives, ou je peux utiliser ma liberté pour discipliner mon cerveau et me concentrer sur les réponses à mes difficultés. Je choisis mes expériences.

Aujourd'hui, la décision m'appartient.

L'EXCELLENCE

J'AI ATTEINT UN NIVEAU D'EXCELLENCE ET J'AI TROUVÉ MA PLACE AU SOMMET

Je suis une personne intègre. Je refuse de compromettre mes valeurs et mon orgueil personnel pour un avantage pécuniaire. La mesquinerie et l'amertume sont deux activités improductives qui n'engendrent qu'un mode de vie pénible. Consacrer son énergie à la vengeance et à «rendre la monnaie» écaille mon amour-propre.

Dans mon rétablissement, ma philosophie concernant la concurrence se transforme. Plus je consens, moins j'ai recours à l'hostilité afin de m'édifier. Je sais que ce n'est que lorsque j'ai peur de ne pas être à la hauteur que je m'abaisse à un comportement qui ne me convient pas. Je peux atteindre un degré de concurrence tout en maintenant le respect que je dois avec autres.

Il ne manque pas de «place au sommet». Contrairement à ma famille d'origine, plusieurs vainqueurs peuvent s'y retrouver et je peux faire partie du groupe.

Avec mon intégrité et mon amour-propre, je me dispose à faire de mon mieux.

LE MONOLOGUE INTÉRIEUR

JE SUIS MON CRITIQUE
LE PLUS ÉCLAIRÉ

La seule opinion qui compte pour mon bien-être est ma propre opinion de moi-même. Le monologue intérieur s'anime à tous les moments de ma vie - toutes les bribes d'information, toutes les conversations que j'échange avec moi-même sont d'une importance primordiale. La qualité des messages que je me formule détermine ma vision, mon comportement et le cours de ma vie.

Lorsqu'on me blâmait ou que l'on critiquait mes agissements quand j'étais enfant, mon dialogue intérieur était parfois négatif et me portait à m'abaisser. Aujourd'hui, je remplace mon dialogue intérieur par des affirmations saines et une image mentale améliorée de moi. J'utilise des énoncés puissants concernant le comportement que je vise et la façon dont je veux m'épanouir.

Ce jour marque un nouveau début pour moi. Finis les sarcasmes négatifs qui commentent ma performance quotidienne. La personne que je vois dans mon imagination règnera toujours sur le monde entier. En tenant compte de ce fait, je prends le temps de charger mon imagination de messages bénéfiques. La puissante image que je crée sera l'image que je projette.

LES RESSOURCES

J'AI LES RESSOURCES NÉCESSAIRES POUR ACCUEILLIR CE QUE LA VIE M'APPORTE

J'ai les ressources qui me permettent de combler mon vide, d'éclairer ma noirceur, de tourner le dos au désappointement et au désespoir. Nul autre ne peut en faire autant pour moi. Aucune relation, aucun objet, aucune drogue ne peuvent combler le vide que je ressens parfois. Comme enfant d'un famille dysfonctionnelle, j'ai atteint l'âge adulte en ressentant que «quelque chose» manquait dans ma vie. Parce que je proviens d'une famille dépendante, j'ai appris à chercher le gros «bonbon» - quelque chose à l'extérieur de moi-même qui guérirait toutes mes douleurs. Cette croyance ne fonctionne plus chez moi - particulièrement dans une relation intime. Lorsque je m'engage à croire qu'une personne pourra m'offrir le fameux «bonbon», j'ai besoin de sentir mon entièreté et je finis par être déprimé(e) et désappointé(e).

Je suis la personne qui a la responsabilité de m'assurer la complétude dans ma vie. Je sais comment solliciter les conseils lorsque c'est nécessaire, et je sais qu'il n'y a pas de «bonbon» simple ou de solution magique à un problème complexe. Je suis libre aujourd'hui de tout désir que quelqu'un m'apporte un «bonbon» dans ma vie. J'ai pleine confiance en mes possibilités de trouver des solutions à mes problèmes. J'ai les ressources pour combler le vide dans ma vie.

LA JOIE

J'ACCEPTE LA JOIE
DANS MA VIE

Je suis prêt(e) à accepter la joie. Plus jamais, je me cacherai dans une caverne de désespoir. En jetant un coup d'oeil à l'extérieur, je m'offre une vision différente: le ciel bleu, les rayons aveuglants du soleil et les couleurs vives! L'immensité se manifeste avec des vues rafraîchissantes, des exaltations de flagrances et la promesse d'une nouvelle vie enrichissante.

Ma période de la noirceur n'a pas été vaine. Avec ma nouvelle prise de conscience et ma perspicacité, j'ai illuminé les sombres lézardes de mon enfance douloureuse. En creusant dans mon passé, j'ai réussi à accroître la profondeur de mes sentiments - je me suis façonné(e) une place dans ce monde et je sais que j'ai pleinement le droit d'être où je suis.

Je peux maintenant m'avancer vers la lumière. Je n'ai plus peur de rire, de jouer ou d'aimer. Bientôt, je pourrai entrer dans la caverne et en sortir, à mon gré, vers la lumière. De la même façon que j'ai accepté la douleur, j'accueille ma joie. Mon éventail de sentiments se déploie et j'accepte la présence irremplaçable de la joie.

LA CONFORMITÉ

J'APPRÉCIE QUE MES SENTIMENTS SOIENT CONFORMES À MON COMPORTEMENT

Je désire profondément vivre de façon conforme. Lorsque mon monde intérieur n'est pas en parfaite compatibilité avec mon monde extérieur, je le ressens toujours. Les divergences se manifestent dans mon comportement - petit écart, irritabilité, nervosité et un sentiment d'imperfection. Lorsque j'ignore le signal que mon corps transmet, je finis par connaître l'anxiété, la crainte et la colère.

Comme enfant d'une famille dépendante, j'ai appris que la seule façon de me protéger était le camouflage, en prétendant ressentir ce que je ne ressentais pas, en souriant bravement lorsque je n'avais pas le goût de sourire. J'ai appris à me transformer en caméléon.

Je n'ai plus à jouer ce rôle. Je ressens une entièreté, une compatibilité de sentiments, de pensées et de comportement. Aujourd'hui, je refuse de dissimuler mes véritables sentiments derrière un sourire nerveux, protecteur. Je souris lorsque je ressens du plaisir et de la joie en moi. J'affiche mes vrais sentiments sans gêne, sans crainte.

L'ATTITUDE

AUJOURD'HUI, JE ME TIENS DEBOUT ET J'AFFRONTE LE MONDE

Aujourd'hui, j'ai conscience de mon attitude. Je me demande si je m'avance le dos courbé, avec les yeux fixés au sol, comme si je portais le fardeau du monde sur mon dos, ou si je me tiens droit(e) comme une tige de fer, avec les yeux qui regardent droit devant moi, le menton retiré comme un soldat Prusse.

J'ai tellement l'habitude d'avoir le dos voûté ou de me déplacer comme un soldat de plomb que je perds ma souplesse naturelle et ma posture - et en me défendant avec mollesse ou rigidité, certaines choses de la vie passent en dehors de mon champ de vision.

Aujourd'hui, je diminue la tension sur mon dos et mes épaules et je les laisse reprendre leur position, je lève les yeux et je contemple le monde autour de moi.

Je me déplace de façon détendue, libre de toute rigidité compulsive et de tout affaissement. Mon attitude reflète mon sentiment intérieur de compétence et d'être à l'aise dans le monde.

LA SAISON DES FÊTES

AU COURS DE CETTE PÉRIODE, JE DONNE FACILEMENT ET AVEC JOIE

À ce moment-ci de l'année, je reconnais mon désir de donner. Je ressens la stimulation des coutumes, des activités qui font tellement partie de la saison - les cartes, les chants, les lumières qui scintillent, les réceptions, la camaraderie, les souhaits chaleureux, la joie et la bonne volonté. Comme enfant issu d'une famille dysfonctionnelle, j'ai déjà laissé mon perfectionnisme m'empêcher de profiter de l'esprit au cours de cette saison. Je voulais que mes cadeaux soient parfaits, que la personne à qui j'offrais un cadeau réponde correctement à ma générosité. Cette année, je veux que mon don soit différent.

Pendant les Fêtes, je donne avec la joie de ma nouvelle connaissance intérieure. Je choisis mes cadeaux, non pas pour impressionner, mais pour transmettre mon amour aux gens spéciaux. Les traditions ont réservé les jours de Hanukkah et de Noël pour manifester notreamour par le don. Je me rappelle que les choses matérielles ne sont pas les seuls cadeaux qui expriment mon amour. La démonstration de gentillesse et de reconnaissance à la présence divine dans tous ceux et celles qui m'entourent est peut-être le plus merveilleux des cadeaux.

AUJOURD'HUI

AUJOURD'HUI, JE CONTEMPLE LES MERVEILLES DU MONDE AUTOUR DE MOI

Où va le blanc à la fonte des neiges? D'où vient le vent? Qu'est-il arrivé à mon sens d'admiration et d'étonnement? Chez moi, je n'ai jamais comme le luxe de m'émerveiller. Il est difficile de louer la création du monde lorsqu'on est occupé à survivre. Dans mon «dépêche-toi» de grandir, je suis passé(e) à côté de belles expériences enrichissantes pour l'âme.

Je sais que le petit enfant en moi a hâte de réveiller des parties de mon corps qui dorment. L'exaltation et l'aventure de la vie me sont toujours disponibles si je choisis les attitudes qui en font ce qu'elles sont. En étant libre des oeillères de ma famille d'origine, qui limitaient mes horizons, je suis capable de profiter des merveilles du monde qui m'entoure.

LA JOIE

C'EST LE MOMENT DE PROFITER DE LA VIE

Je vais relâcher ma vigilance au fur et à mesure que je profite des beautés de ce jour. La vie a été conçue pour être vécue sans efforts. Comme enfant issu d'une famille dysfonctionnelle, j'ai dû faire un effort énorme afin d'en arriver à cette découverte. Au cours de la majeure partie de ma vie, j'avais la sensation d'être «en devoir», 24 heures par jour. Je suis la personne qui s'occupe des urgences, qui règle tous les détails qui restent et qui ne dort pas avant que tous les autres soient confortables. Même dans mes heures de «repos», je dois me maintenir mentalement en état d'alerte. Je me demande si les portes sont verrouillées, si j'ai dit les bonnes choses ou si j'aurais pu travailler un peu mieux. Quelle façon épuisante de vivre!

Chaque jour, je me promets de ne plus être responsable du monde. Chaque jour, mon ressentiment augmente, pendant que j'attends le jour où la vie deviendra agréable. Pendant que je pratique ce style de vie de façon compulsive, ma vie ressemble plutôt à un style de mort qui paralyse mon cerveau, ma créativité et mon enthousiasme. Aujourd'hui, je laisse les autres prendre la responsabilité de briser le silence lors des réunions, de faire le café, ou de formuler leurs propres décisions. Le temps, pour moi, de profiter de la vie, c'est MAINTENANT.

LES SENTIMENTS

MES SENTIMENTS MÉRITENT MON ATTENTION

Aujourd'hui, j'ai le choix dans la façon de traiter avec sentiments. Mes émotions sont des visiteurs qui ne me quittent plus, à moins que je les maîtrise. Autrement, je les vis inévitablement. Lorsque je supprime mes sentiments, ils se manifestent souvent sous forme de phobies, de compulsions ou de malaises.

Au cours de la journée, j'entends porter attention à la façon dont mon corps répond à mes sentiments. Si ma gorge se resserre, peut-être que je suis en colère? Si mon corps est lourd, peut-être que j'éprouve de la tristesse? Mon corps peut me transmettre beaucoup d'informations si je ne le débranche pas de mes réponses physiologiques. Si j'ai pris une distance par rapport à mes émotions, aujourd'hui je les accueille et je leur permets de se manifester.

Je me rends compte maintenant que mes sentiments sont interreliés lorsque je peux nier ma tristesse et ma douleur. Je peux tout aussi facilement nier ma joie et mon bon plaisir. Lorsque j'extériorise inconsciemment mes émotions réprimées, je perds tout contact avec ma propre vie. Aujourd'hui, je me souviens que de mes sentiments jaillissent la vulnérabilité, la sensibilité et la guérison.

L'ADAPTABILITÉ

JE SUIS RESPONSABLE ET ADAPTABLE

Je peux reconnaître les limites et les attentes dans chaque situation. Je sais que dans toute circonstance, un certain comportement est acceptable et un autre ne l'est pas. Je procède avec prudence lorsque je réagis aux limites et je le fais d'une façon qui me soit productive.

Mon impulsion d'agir et de me comporter effrontément provient de ma famille d'origine. C'est là que j'ai appris à confondre la spontanéité et le penchant destructeur. Combien de fois ai-je connu la gêne à cause d'un comportement inopportun? Il était difficile, même dans les meilleures situations, de trouver des modèles adultes responsables et logiques.

Aujourd'hui, je pratique la responsabilité et l'adaptabilité. Lorsque je suis en charge de mon comportement, lorsque je peux m'adapter aux limites existantes, je deviens plus efficace dans la réalisation de mes objectifs. Je ne permets plus au mépris ou à la crainte de me lancer dans des situations embarrassantes. Être aimable envers moi signifie que j'apprends à reconnaître les limites et à y réagir.

LE BON JUGEMENT

JE FAIS PREUVE DE BON JUGEMENT DANS L'ADMINISTRATION DE MA VIE

J'apprends à faire preuve de bon jugement dans toutes mes affaires. Dans les questions financières, je résiste à la tentation de devenir un(e) millionnaire de «cinq dollars» en poussant mon crédit en échange de satisfaction de courte durée. Je n'abuse aucunement, dans mes activités récréatives et sexuelles, au point où je ne peux plus m'occuper de mes autres qualités importantes. Si j'ai manqué de jugement dans le passé, je peux changer ce schéma. Plutôt que d'avoir honte de ne rien produire, je me traite avec fermeté, mais aussi avec gentillesse.

Je peux développer un bon jugement en comprenant mes expériences. Lorsque je songe à ce qui s'est produit, et à la raison pour laquelle les choses se sont ainsi passées, je découvre les étapes que je dois traverser afin de me créer un futur différent. Les erreurs de mon passé peuvent influencer de façon positive mes décisions d'aujourd'hui. Je n'ai qu'à me permettre d'apprendre de ces décisions.

Au fur et à mesure que mon amour-propre augmente, je prends de bonnes décisions, dans mon meilleur intérêt.

L'ÉMERVEILLEMENT

LA BEAUTÉ ET LA COMPLEXITÉ DU MONDE M'ÉMERVEILLENT

Je constate la merveilleuse complexité de la nature, dans les structures cristallines d'un flocon de neige et dans l'oeil aux nombreuses facettes de la libellule. Chacun de ces chefs-d'oeuvre est incomparable. Je me rends compte que moi aussi, je suis une personne aimable, incomparable et unique.

Je fais partie de la nature, du schéma complexe des choses. Parfois, dans le passé, je me concentrais sur des détails sans importance, parce que l'incroyable complexité de la vie m'accablait - je me sentais minuscule et plein(e) de craintes.

Je ne tiens plus la vie pour acquis, en vivant chaque jour comme s'il s'agissait d'un autre tour sur le carrousel. Je refuse de me diminuer face à la grandeur de la nature. Avec une résolution toute nouvelle et, sans peur, je me taille une place dans ce monde.

Aujourd'hui, la beauté et la complexité de la vie m'impressionnent.

L'INVENTAIRE

JE FAIS L'INVENTAIRE DE L'ANNÉE QUI PREND FIN ET CELA ME PLAÎT

Je fais l'inventaire de l'année que je viens de passer, et je me plais devant mes réalisations. Je vois que je fais un effort raisonnable pour me libérer de mon passé tyrannique. Je constate que j'ai commencé à me traiter avec plus de respect. Chaque jour, j'ai le plaisir de relever de nouveaux défis, de déceler de nouvelles façons de réaliser mon potentiel.

J'ai fait face à des obstacles au cours de l'année, j'ai fait de mon mieux pour m'en sortir, sans ruiner ma santé. Je n'investis plus dans une mauvaise santé. J'apprends à éviter les coups et, ce qui est plus important, j'apprends à reconnaître les secteurs de problèmes et à ne pas m'empêtrer.

Je pense à l'année qui vient de s'éteindre avec une tranquille satisfaction, en accueillant le Nouvel An avec un sens d'émerveillement et une certaine hâte, en sachant que je peux faire face à toutes les choses que cette nouvelle année m'apportera.

Des pensées quotidiennes tirées de la profondeur de l'âme...

S'aimer, Un jour à la fois vous permettra de redécouvrir la douceur et la joie de l'estime de soi. Ces pensées quotidiennes ont été puisées de la profondeur de l'âme. En parcourant ces pages, vous sentirez renaître en vous la joie de vivre. _S'aimer, Un jour à la fois_ est une grande bouffée d'air frais qui vous ramène à l'essentielle bonté de votre être et à l'ultime expression de votre coeur.

«Aujourd'hui, je dis bonjour à la vie. Je sais que chaque fois que j'inspire, j'absorbe une puissante énergie de guérison. Et chaque fois que j'expire, je lâche prise. J'abandonne toute l'anxiété, toute la tension et toute la négativité qui m'empêchent de me sentir bien.»

376 pages
ISBN 921556-11-1

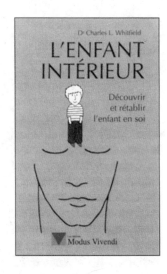

Comblez votre appétit véritable !

Manger ses émotions

Douze étapes vers le rétablissement

Bill B.

Douze étapes vers le rétablissement

Dans ce livre, l'auteur nous apprend que l'embonpoint et les troubles reliés à l'alimentation sont les signes extérieurs d'un malaise profondément ancré. Afin de rompre le cercle vicieux de la compensation, de la honte et de l'impuissance qui résultent de la suralimentation et d'une piètre estime de soi, il faut entamer un processus de transformation émotionnelle et spirituelle qui conduit, en dernier lieu, à une vision nouvelle de soi-même et des autres.

Il est donné à tous de retrouver un poids idéal, mais maintenir ce poids par la suite nécessite un travail émotionnel et spirituel. Il faut avant tout mincir dans sa tête et dans son coeur.

Cet ouvrage s'adresse en particulier à ceux et celles qui, après avoir fait de durs efforts pour maigrir, ont regagné chaque fois le poids perdu en un rien de temps.

332 pages
ISBN 2-921556-04-9

Un livre essentiel de pensées quotidiennes.

Rokelle Lerner

L'ENFANT INTÉRIEUR

Un jour à la fois

Modus Vivendi

L'Enfant intérieur, jour après jour

L'enfance est cette période privilégiée de la vie qui coule aisément, sans que soit compté le temps, pendant laquelle les désappointements sont peu nombreux. En est-il vraiment ainsi ? Pour nombre de ceux qui grandirent dans une famille dysfonctionnelle, l'enfance est plutôt la période pendant laquelle ils se rendirent compte que l'existence n'est pas cette merveilleuse aventure qu'elle pourrait être. Les messages négatifs véhiculés par les parents forment les attitudes qui influeront sur eux pendant le reste de leurs vies. Les enseignements négatifs reçus pendant l'enfance se manifestent souvent au cours de la vie adulte par des actes entraînant l'insuccès.

Cet ouvrage présente une méthode visant à renouer avec l'Enfant intérieur afin de mieux vivre pleinement. *L'Enfant intérieur, un jour à la fois* est destiné aux adultes désireux de guérir les blessures émotionnelles issues de l'enfance afin de passer d'un cycle empreint de douleur à celui menant à la guérison affective.

376 pages
ISBN 921556-07-3